4·16구술증언록 단원고 2학년 4반 제3권

그날을 말하다

승묵 엄마 은인숙

이 도서의 국립중앙도서관 출판예정도서목록(CIP)은 서지정보유통지원시스템 홈페이지(http://seoji.nl.go.kr)와
국가자료공동목록시스템(http://www.nl.go.kr/kolisnet)에서 이용하실 수 있습니다.
CIP제어번호: CIP2019008314

4·16구술증언록 단원고 2학년 4반 제3권

그날을 말하다

승묵 엄마 은인숙

4·16기억저장소 기획 편집
(사) 4·16세월호참사가족협의회 지원 협조

일러두기

1. 음절로 식별 가능한 소리를 들리는 대로 전사하는 것을 원칙으로 한다.

2. 의미를 파악하기 위해 추가 설명이 필요할 경우 [ ]로 표시한다.

3. 몸짓, 어조 등 비언어적 행위는 ( )로 표시한다.

4. 구술자가 말을 잇지 못해 말줄임표를 사용하는 경우 ……, …로 길고 짧음을 표시한다.

5. 비공개 영역은 〈비공개〉로 표시한다.

6. 비공개해야 하는 희생자 형제자매의 이름은 ○○, △△ 등의 도형기호로, 생존자의 이름은 A, B, C 등 알파
   벳 대문자로 표시한다.

7. 비공개해야 하는 제3자는 직분이나 소속, 성만 공개하고, 이름은 ××로 표시한다. 비공개해야 하는 숫자는
   자릿수에 상관없이 □로 표시하며, 지명은 □□로 표시한다.

책머리에

4·16기억저장소에서는 세월호 참사 5주기를 맞아 구술증언 수집 사업의 결과물 일부를 100권의 책으로 발간하게 되었습니다. 이 사업은 2015년 6월부터 다양한 학문 분야 구술 연구자들의 자발적인 참여로 진행되어 왔으며, 세월호 참사를 좀 더 정확하고 다각적으로 기록하고 기억하고자 하는 노력의 일환으로 수행되었습니다.

2014년 참사 발생 이후, 참사 피해자들의 목격담과 경험은 안타깝게도 공식적인 국가기관과 언론의 기록 속에서 철저히 소외되거나 왜곡되었습니다. 그것은 세월호 참사가 우리에게 안긴 죽음과 고통의 충격만큼이나 우리 사회의 끔찍한 비극이었습니다. 따라서 사업을 진행하면서 세월호 참사 희생자 가족, 생존자, 생존자 가족, 어민, 잠수사, 활동가, 기자 등등, 참사의 초기 과정을 직접 경험한 분들의 증언을 우선적으로 수집했습니다. 구술자는 이 사업의 취지와 방식에 개인적으로 동의한 분 중에서 선정했으며, 참여 과정에 어떠한 금전적 보상이나 이익이 제공되지 않았습니다. 또한 구술증언 수집 사업을 진행하는 동안, 면담자는 연구자이자 참사를 겪은 공동체 시민으로서 최대한 윤리적이고자 노력했습니다.

구술자마다 매회 약 2시간씩 3회를 원칙으로 음성 녹취와 영상 촬영을 하는 방식으로 진행되었고, 증언의 일관성을 확보하기 위해 면담자는 큰 틀에서 공통 질문지를 사용했습니다. 공통 질문지의 내용은 참사와 구술자 간의 관계성에 따라 차이가 있지만, 유가족 구술의 경우 1회차 '참사 이전의 삶, 팽목항과 진도에서의 경험, 자녀에 대한 기억'을, 2회차 '참사 이후 투쟁과 공동체 활동 경험'을, 3회차 '참사 이후 개인 및 가족이 경험한 삶의 변화와 깨달음, 자녀의 현재적 의미'를 중심으로 했습니다. 이처럼 증언 내용은 참사 이전에서 시작해 참사 발생 당시의 경험과 이후의 변화 과정까지 폭넓게 수집했고, 면담자는 구술 채록 과정에서 구술자의 발화를 최대한 존중하고자 했으며, 무엇보다 각자의 특수한 경험과 다른 시각을 충실히 반영하고자 했습니다.

이 구술증언록의 발간을 위해, 채록된 음성 자료는 문서로 변환해 구술자와 함께 검토했고, 현재 시점에서 공개할 수 있는 영역과 할 수 없는 영역으로 구별했습니다. 따라서 책에 실린 내용은 모두 구술자로부터 공개를 허락받은 부분입니다. 비공개 영역은 추후 구술자의 동의를 받아 적절한 절차를 거쳐 추가로 공개될 수 있으리라 생각합니다.

이 구술증언록 100권에는 그동안 우리 사회에 왜곡되어 알려지거나 잘 알려지지 않았던, 참사 발생 직후 팽목항과 진도 혹은 바다에서의 초기 상황에 관한 중요한 증언이 포함되어 있습니다. 또한, 자녀를 잃는 잔인하고 애통한 상황을 겪으면서도 그 누구보다 강인한 정치적 주체로 성장할 수밖에 없었던 유가족의 마음과 경험을 구체적으로, 그리고 여러 각도에서 살펴볼 수 있습니다. 그외에도, 이 구술증언록은 2014년을 전후한 한국 사회의 여러 측면을 드러내는 귀중한 자료가 되리라고 생각합니다. 무엇보다 국내외의 많은 분이 이 책을 읽어, 장차 세월호 참사의 진상 규명과 역사 서술에 기여할 수 있기를 바랍니다.

구술증언 수집 사업이 진행되고, 책으로 출간되기까지 많은 분의 도움과 지지가 있었습니다. 이 지면을 빌려 부족하나마 감사의 말씀을 전하고자 합니다.

먼저 (사)4·16세월호참사가족협의회와 4·16기억저장소에 감사를 드립니다. 이분들의 신뢰와 적극적인 협조가 없었다면, 이 사업은 처음부터 시작할 수조차 없었을 것입니다. 또한 어려운 정치 환경 속에서도 사업의 취지에 공감해 재정 지원을 결정해 준 아름다운가게와 역사문제연구소에 감사드립니다. 두 단체 덕분에, 이 사업을 4년 동안 계속해 올 수 있었습니다. 그리고 구술증언록 100권의 발간에 동의하고, 바쁜 일정에도 출판 실무를 기꺼이 맡아주신 한울엠플러스(주)에도 감사를 드립니다. 이 외에도 많은 개인과 단체가 직간접적으로 많은 도움을 주시고 격려해 주셨습니다. 여기에 모두 밝히지 못하는 것을 죄송하게 생각합니다.

　말할 필요도 없이, 가장 크고 또 가슴 아픈 감사는 구술자 한 분한 분께 드리고자 합니다. 이 책이 발간될 수 있었던 것은, 무엇보다 용기를 내어 아픔과 고통의 기억을 다시 떠올리고 장시간 진심으로 이야기를 해주신 구술자가 있었기 때문입니다. 오랜 시간 이야기를 나누며 함께 공감하기도 했지만, 그 아픔과 고통을 어떻게 가늠할 수 있을까 싶습니다. 더 큰 도움이 되지 못함을 안타까워하며, 이 구술증언록 100권의 발간이 피해자분들에게 조금이라도 위로가 될 수 있기를 기원합니다.

2019년 4월

4·16기억저장소 구술팀 책임자
서울대학교 인류학과 교수 이현정

차례

■ 1회차 ■

17
1. 시작 인사말

17
2. 구술 참여 동기와 근황

19
3. 안산 정착

25
4. 승묵이 어린 시절

28
5. 승묵이 음악 활동, 시골 이사 계획

33
6. 교육 방식

38
7. 엄마의 꿈, 가족의 꿈

41
8. 삼일마트

44
9. 학교생활

50
10. 결혼 과정과 취미활동

55
11. 승묵이의 가치관

64
12. 간담회

67
13. 수학여행

■ 2회차 ■

79
1. 시작 인사말

79
2. 사고 소식과 진도 이동 과정

85
3. 진도 팽목항 도착과 병원 입원

89
4. 장례

93
5. 4·16 이후 안산 생활, 활동 시작

104
6. 사고 당일 진도에 가는 과정

108
7. 진도체육관, 병원

■ 3회차 ■

123
1. 시작 인사말

123
2. 경기도교육청 『약전』 제작, 승묵이 어린 시절

135
3. 동생 ○○이

140
4. 승묵이가 없는 집에서의 생활

143
5. ○○이의 일상생활

149
6. 참사 이전 학교 활동 참여

152
7. 삼일마트에 붙은 쪽지들

158
8. 담임선생님

■ 4회차 ■

165
1. 시작 인사말

165
2. 공방 활동

175
3. 사고 이전 반 부대표 활동, 사고 후 4반 활동

180
4. 활동을 위한 공부

184
5. 밀양송전탑 현장 어머니 말씀

189
6. 삭발

190
7. 대안학교에서의 간담회

196
8. 승묵이 친구들

198
9. 팽목까지의 도보 행진

200
10. 광화문 활동

208
11. 활동 비용, 가계 상황

214
12. 교실 존치

226
13. 바라는 점과 아쉬운 점

승묵 엄마 은인숙

구술자 은인숙은 단원고 2학년 4반 고 강승묵의 엄마다. 두 남매의 첫째로 태어난 승묵이는 공교육의 답답한 방식에 순응하기보다는 친구들과 밴드를 만들어 음악과 자유를 추구하는 아들이었다. 엄마는 아들을 잃은 충격으로 참사 후 수개월간 입원 치료를 받았지만, 엄마공방 활동을 시작으로 조금씩 가족활동에 참여해 나가고 있다.

은인숙의 구술 면담은 2015년 11월 13일, 20일, 27일, 12월 4일, 4회에 걸쳐 총 6시간 34분 동안 진행되었다. 면담자는 김아람, 촬영자는 이봉규·김아람이었다.

구술자 본인의 프라이버시나 제3자의 프라이버시를 보호해야 할 부분을 제외하고는 구술자의 발화를 있는 그대로 전사했다.

1회차

2015년 11월 13일

1 시작 인사말

2 구술 참여 동기와 근황

3 안산 정착

4 승묵이 어린 시절

5 승묵이 음악 활동, 시골 이사 계획

6 교육 방식

7 엄마의 꿈, 가족의 꿈

8 삼일마트

9 학교생활

10 결혼 과정과 취미활동

11 승묵이의 가치관

12 간담회

13 수학여행

1
시작 인사말

면담자　　　본 구술증언은 4·16 사건에 대한 참여자들의 경험과 기억을 기록으로 남김으로써 이후 진상 규명 및 역사 기술에 기여하고자 합니다. 지금부터 은인숙 씨의 증언을 시작하겠습니다. 오늘은 2015년 11월 13일이며, 장소는 안산시 단원구 글로벌다문화센터입니다. 면담자는 김아람이며, 촬영자는 이봉규입니다.

2
구술 참여 동기와 근황

면담자　　　어머니 이 구술을 한다는 거 어떻게 알게 되셨어요?

승묵 엄마　　　기현 씨한테 전화 통화 받았어요. 부탁 좀 드린다고 부모님들이 다 한다 그래 갖고, 어차피 해야 될 거면 시간 되는 날 하자 그래서 하게 된 거죠.

면담자　　　어머니 구술하신 것이 향후 어떻게 활용이 됐으면 좋으시겠어요?

승묵 엄마　　　글쎄요. 뭐 커다란 거는 생각을 하지도 못했고. 지금에서야 이렇게 해갖고…. 제가 뭐라 그럴까 아직까지 제가 힘든 편이라서요. 제가 인지하기가 좀 많이 힘들어요. 말씀하시는 그 인지

하는 게 제가 지금 좀 많이 힘든 편이라서 이게 가능할까, 어떤 말로 해야 될까라는 거를 고민을 하면서 오긴 왔어요. 이야기는 하긴 하는데… 글쎄요.

제가 폭넓게까지 생각은 해보지는 않았고, 필요시에 나중에 이런 일이 일어나지 않기 위해서 우리는 지금도 노력을 하고 있지만, 그런 아이들한테 자료[로] 이렇게 [제공]한다거나, 교육적으로 한다면 그게 더 낫지 않을까 싶어요. 제 개인적이거나 단독으로 쓰는 거보다도 그런 데 도움이 됐으면 좋겠어요.

면담자   네. 어제 수능 날이어서 보도가 많이 나오기도 했었는데…….

승묵 엄마   제가 그래서 뉴스를 웬만해서 잘 안 봤구요. 그냥 가슴 아프고…. 요즘 같은 경우에 지금 비도 많이 오구요. 제가 좀 뭐라 그럴까, 좀… 승묵이 그 일 이후로 제가 병원 치료받으면서 약을 먹고 있거든요. 조금 요즘 같은 경우에는 제가 좀 힘들어요. 정신적이거나 마음적으로, 바깥 활동을 하고 있지만, 제가 많이 힘든 편이라서 조금 자제를 하죠. 승묵이 동생이 있기 때문에 웬만해서는 집에서는 울고 싶어도 안 울려고 노력을 하고 좀 그랬죠. 그런 거를 많이 피했죠. 어저께 같은 경우에는 이야길 들어도 화가 나니까 입으로 계속 내뱉는 거밖에 안 되죠. 말 그대로 제가 웬만해서 욕을 잘 안 하는데 지랄 같은 세상이고… 아이가 없는데요 뭐. 욕만 나와요, 욕만. 화가 나니까….

승묵이 주위에 친구들이 있었는데 승묵이가 지금 살았으면 19년 됐을 텐데. 그 친구들이 승묵이 18개월 때 아이들이 만나갖고 지금까지 이어오고 있거든요, 엄마들이요. 그 아이들이 승묵이 친구가 같이 18년을 한 동네에서 커오면서 자란 아이들[이니까 그 애들]한테 시험 잘 보라고 제가 이야기를 하고, 해야 되는데 그러지도 못했구요. 말 그대로 그런 마음이 생기지 않더라구요, 솔직하게. 그 아이들도 소중한 아이이긴 한데 승묵이, 저는 승묵이 생각만 하다 보니까 지금으로서는 그런 인사 같은 거 주고받고 이런 거가 하기는 싫더라구요. 그래서 승묵이 친구들, 초등학교, 중학교, 고등학교 친구들이 아직 있는 아이들이, 생존자도 있었구요, 하고는 싶어도 그 친구들한테 제대로 인사도 못 한 상황이죠. 그냥 씁쓸해요.

3
안산 정착

면담자   승묵이 18개월부터 여기 안산에 사셨던 거예요?

승묵 엄마   아니요. 결혼하면서 제가 여기 안산에서 살기 시작한 거예요. 여기 안산이란 도시도 몰랐었구요. 제가 고향이 천안이고, 제가 생활한 게 학창시절은 거의 대전에서 지냈고, 직장은 수원에서 했거든요[다녔거든요]. 직장생활 하면서 [남편이] 저희 상사님(웃음) 고종사촌 동생이다 보니까 소개를 받아갖고, 그때부터 저희가 95년에 결혼해서 그때부터 안산에서 [살았어요]. 아빠가 직장이 여기였거든요, 반월공단. 그래서 여기서 결혼생활을 하기 시작을 했죠. 말 그대로 지금 [4·16]기억저장소 있는 그 동네에요.

면담자   아, 바로 그 동네?

승묵 엄마   네. 바로 그 앞 건물부터, 저희 결혼해 갖고 승묵이 12살 때 저희가 옮겼거든요. 이사를 했거든요. 거기서 12년 동안 살아서. 그래서 거기서 승묵이 같은 경우에는 워낙 활보를 하고 다니는 아이여서요. 워낙 활동력이 많았어요, 어렸을 때는. 과일가게 아줌마든 승묵이 모르는 사람이 없을 정도로 많이 방문을 하고 다녔죠(웃음). 활보를 하고 다녔죠, 이 동네에는 거의. 그래서 여기 화랑유원지 공원도 그렇고, 처음에 사고 나고 공방을 제가 올 때 걸어 다니면서 왔거든요. 걸으면 한 여기 1시간 정도 걸리더라구요, 천천히. 좀 마음이 아파 갖고요. 이제는 이 주위를 못 돌고 항상 다 문화센터 앞쪽으로 해갖고 다녔어요. 힘들었죠.

애기 때 태어나서부터 여기를 많이 왔던 곳이고, 승묵이 사고 나기 전[에] 벚꽃[이] 많이 폈잖아요. 그래서 "엄마!" 제가 가게를 하는데, "엄마 벚꽃 구경하려면 어디가 제일 좋은 거 같아?" 그러더라고요. 이제는 제가 화랑유원지 여기 벚꽃은 생각을 못 하구요. 그 당시에는 제가 월피동에서 가게를 하고 있었기 때문에, 뭐 눈 뜨고 문 닫고 들어갈 때까지는 월피동 고 근처밖에는 보지를 못했으니까, 거기 노적봉을 이야길 했어요. 그랬더니 "엄마 거기 걸어가기에는 너무 먼데요" 하더니 연락이 없더라구요. 문자가 왔었어요. 저한테 그래 갖고 그렇게 문자를 주고 했는데. 끝나고 나서 전화가 없어서 집에 와서 물어보니까 화랑유원지를 왔다고 하더라구요, 친구들하고. 그래서 "그랬니? 맞다. 화랑유원지도 꽃 너무 예쁘지. 엄만 거긴 생각을 못 했네" 그러면서 화랑유원지 와서 아이들하고 사진도 찍고, 또 놀다가 왔더라구요.

면담자   어머님은 결혼하시면서 직장을 그만두시게 되신 거예요?

승묵 엄마   네, 그렇죠. 그만두게 됐어요. 어차피 결혼을 하면은 그 당시에는, 글쎄 모르겠어요, 직장을 그만둬야지만이 된다는, [가정에] 충실해야 된다는… 그때는 뭐라 그럴까 엄마, 아빠 다 직장에 다니는 거, 그 당시에는 95년도 같은 경우에는 별로 흔치가 않았어요, 그때는. 그래서 이제 아이만 키우고, 결혼해서 아이 낳으면 아이한테 전념하는 거[로] 생각하고. 그리고 제가 그 당시에 생활력이 있어서 같이 벌었으면 더 저기 했을[풍요로웠을] 텐데, 뭐 아빠가 버는 걸로도 충분했고 그랬기 때문에 회사를 그만두고 옮겼…(웃음).

면담자   안산을 와보신 적은 있었나요?

승묵 엄마   한 번도 없었어요. 결혼하고 나서 왔어요, 하고 나서. 아는 사람도 없고. 결혼을 하고 나서는 주변 분들한테 이야기하기에도, 나와서 생활하기도 그랬어요. 왜냐하면 그때 같은 경우에 또 젊은 사람보다 어르신들이 많았어요. 나오기도 조금 힘들었고, 제가 하루 종일 청소하고 나면 하루 종일 집에서 있는 편이라서…. 알아보고 하니까는 그때는 '여성비전센터'가 '여성회관'이었거든요. 거기에 등록해서 꽃꽂이도 배우고, 미용, 취미도 배우고 그랬었거든요.

안산 지역이요. 어떻게 되냐면 여기 저희 연립 사는데 라성호텔 있는데 건물이, 예술인 아파트 있는데 건물이 딱, 중간에는 건물들이 별로 없었어요. '어머, 무슨 도시가 이래?' 이랬었거든요. 제가 오죽했으면 지리 좀 알아야 되겠다 싶어 갖고, 예전에 예술의전당이 생기기 전에는 은혜와진리교회가 제일 컸거든요, 고 주위에서는. 고 앞에 버스가 다 있어요, 왔다 갔다 하는 거. 그래서 반대편에서 처음부터 끝까지 한번 알아본다고 버스를 타서는 오이도까지 가봤어요, 제가. 오이도를 가니까 거기가 종점이더라구요. 공단 사이사이 지나갔고, 한참을 걸려서 갔다가 다시 출발한다고 그래서 그 차를 타고서는 다시 월피동 끝까지 왔어요. 거기 보니까 시장도 있더라구요. 또 거기가 종점이더라구요, 월피동이요. 거기서 다시 버스를 타서 집에까지 온 기억도 있고… 지리를 많이 알고 싶어서 걸어 다니기도 많이 했구요. 예, 그랬어요. 처음 초기에는.

면담자   반월에서 여기는 거리가 꽤 될 텐데 어떻게 여기 동네로 오게 되셨어요?

승묵 엄마   차를 타면은 아빠 [직장 있는] 반월공단까지 한 10여 분 정도밖에 안 걸려요. 자가용으로 하면[가면] 더 가깝기도 하고,

이쪽이 연립도 그렇고. 주거 환경도 또 괜찮더라구요. 병원도 가깝고 관공서도 가깝고 애 학교도 그렇고 공원도 있고, 살기는 좋더라구요. 그래서 그런 차원에서 집을 얻게 됐죠.

면담자   지금 저희 저장소 있는 삼두빌라, 그때 처음 세워진 건가요?

승묵 엄마   그때가 처음 세워진 게 아니고, 그 당시가 89년에서 90년도 그 무렵에 그게 건물이 지어진 거 같더라구요. 저희 집 샀을 때 보니까는 90년도, 그 무렵에 지은 거 같더라구요. 그때가 많이 형성이 됐나 봐요.

면담자   그때 신혼이셨는데, 또래 아기가 있는 분들이 많이 있었어요?

승묵 엄마   아니요, 많이 없었어요. 임신을 하고 아기를 낳고 나서부터 바깥에 나오기 시작했으니까, 그때부터 엄마들을 많이 만나게 됐죠. 주로 만나면 서먹서먹하니까, 근데 아이하고 있으면 아이 이야기 하느냐고 엄마들이 친하게 지내지더라구요, 아기를 낳고 나서. 임신하고도 아는 사람이 없었으니까, 저 같은 경우에도요, 집에서 많이 있었고. 또 이제는 강좌 신청을 했기 때문에 배우러 다녔고. 네, 그런 거였죠. 주로 그런 거였어요. 그리고 아빠 올 때까지 기다리고, 또 그렇게 하다가 한 돌 지나고 18개월 무렵부터는 엄마들, 젊은 엄마들이 이사를 좀 오고 그때부터 아이들이 밖에 나와서 걸음마하고 이제는 밖에서 자기 스스로 좀 놀 무렵, 아이들이 한두 명 나오면 소리 듣고 아기들은 또 가만히 못 있잖아요. 그러니까 나와서 애기들끼리 어울리고 놀고 또 엄마들끼리 친구가 되고, 그래서 그때부터 해갖고 지금 엄마들 여섯 명이서 그때부터 지금까지 연락하고 좋은 일, 안 좋은 일, 궂은일까지도 서로 도와가면서 지금까지 지내고 있죠.

승묵이 친구들이 한 세 명 정도 있다 보니까 보면 좀 마음이 아파서요, 솔직하게 엄마들을 안 봤어요. 지금도 조금 보기가 힘들어서 잘 안 보고 있거든요. 전화 연락으로, 문자하는 것조차 힘들어서요. 문자 주는 것도 얼마 안 됐어요. 좀 그랬죠. 다들 위로를 하신다고 하는데 그런 위로는 저한테는 도움이 안 되더라고요. 전에 같았으면 이런 일이 아니고 다른 일로 위로를 해줬다면 그거는 괜찮았을 텐데. 조금 커다란, 아이를 잃고 나니까. 또 저희 언니가 암에 걸려서 갖고, [20]10년도에 돌아가셨거든요. 그런 거하고는 느낌 차원 자체가 틀리더라고요. 그러다 보니까 더 힘들었던 거 같아요. 이렇게 해도 되는 건지 모르겠네요?

면담자   네, 너무 잘해주고 계신데요.

승묵 엄마   제가 말주변이 또 그다지 좋은 편이 아니라서 재미있게 해드린다거나 이러지는 못해요. 그렇게 하는 엄마들이 많기는 한데 그게 전 부러웠거든요. 엄마들이 말도 너무 잘하고 농담이어서 편하게 욕도 하면서, 그게 진짜는 아니니까 장난스러운 그거니까 그렇게 막 하는데, 저는 그러질 못하겠더라구요. 제가 고지식

해서 그런지 재미있게는 못 해드려요. 답변하는 거만 해드릴 수 있을 정도예요.

면담자   너무 말씀 잘해주고 계세요.

승묵 엄마   아 그런 거예요?

4
승묵이 어린 시절

면담자   승묵이 어렸을 때, 유치원도 다녔던가요?

승묵 엄마   어, 그렇죠. 승묵이 같은 경우에는 처음에 학원으로 다녔어요. 어린이집이 아닌 '디딤돌학원'이라는, 그 삼두빌라 거기서 좀 내려가면 교회 쪽으로 있었어요. 승묵이는 5살, 1년을 거기서 다녔어요, 그 학원을 너무 좋아했고. 학원 차가 와도 선생님이 너무 좋았더라구요. 엄마 처음 떨어질 때 아이들이 막 울고 그러잖아요, 두려워서. 승묵이는 그런 거 없이 잘 가서 제가 편했죠, 1년 동안. 미술학원이었기 때문에요, 그림 위주로 많이 그리고 그런 활동을 많이 하고 바깥 활동도 많이 하고, 공연 같은 거 일정 같은 거 되게 많이 했어요.

그런 거로 인해서 1년은 되게 좋았고. 친구들이 사귀다 보니까는, 생기다 보니까 다른 친구들은 다 유치원을 가는 거예요. 그랬더니 승묵이도 이제 그때부터 "엄마, 저도 친구들 가는 데로 보내주세요" 그러더라구. 그래서 같이 '안산유치원'을 가기 시작을 해서 학교 들어가기 전까지 일곱 살 때까지 안산유치원을 다녔죠. 거기도 너무너무 좋았어요. 선생님들도 너무 좋았고, 아이들도 다 그때 친구들이죠, 그때 친구들이에요. 고등학교 때 희생된 친구들이 그때 친구들도 많아요. 그렇게 해갖고(한숨) 유치원 때 친구들… 그래서 유치원 많이 다녔[죠].

면담자   어릴 때 승묵이가 그림 그리는 것도 좋아했어요? 남자 아이들은 대체로 싫어하지 않나요?

승묵 엄마   싫어하잖아요. 승묵이 같은 경우에는 그림부터 접해서 그런지 그림 그리는 건 좋아했고요. 많이 또 활동하는 거 보니까 지금도 자료가 많이 남았는데요. 제가 다 남겨뒀거든요. 나중에 크면 '너희들 이거 봐, 추억해' [하려고] 많이 남겨뒀었는데 '그거를 진즉에 꺼내서 보여줄걸' 그런 거가 좀 후회스럽죠. 제가 가게를 하다 보니까 제가 피곤하다는 이유로 그런 거를 많이 못 했던 거 같아요. 저는 저 나름대로 최선을 다했다고 생각을 했는데 지금에서 돌아서[돌이켜]보면 그렇지는 또 못 했던 거 같더라구요. 승묵이가 그림도 많이, 그 당시에는 승묵이가… 아이들 엄마들[은], 아이들 취미, 어떤 게 이 아이들, 애한테 맞을까 고민을 하잖아요. 나는 승묵이가 그림을, 승묵이가 그쪽에 소질이 있나 보다 그래서, 승묵이가 그림을 또 해갖고 학교 들어가기 전에 피아노 시작을 하면서 미술학원을 보냈거든요, 별도로. 그랬는데 이제는 크면서 그게 또 아니더라고요. ○○이하고, 동생하고 보내봤는데 승묵이가 그림은 영 안 하더라고요.

근데 음악은 끝까지 하더라구요. 음악은 중간에 체르니 30에서 십몇 번 치다가 승묵이가 그만을 뒀어요. 엄마, 자기 안 하고 싶다고 그래서. 그러면 저는 강요하지는 않거든요. 아이들이 하고 싶다는 대로 저는 해줘서 그냥 "그러면, 그래라" 그렇게 하고서는 끊었어요. 미술은 그래도 조금 하다가 집 이사를 하면서 중도에 포기를 하긴 했는데, 미술 같은 경우에도 커다란 흥미는 없었는데 피아노는 그만을 뒀어도 승묵이가 드럼, 중간에 드럼을 좀 하고 기타를 하기 시작을 했어요, 초등학교 때. 그걸로 기타를 배우고 바둑도 해보고. 승묵이가 제가 이것저것을 많이 시키기는 했어요, 이제 어떤 게 걔한테 맞을까 싶어 갖고. 제가 그거[자기 재능]를 그렇게 [키우지] 못 해왔기 때문에 어떤 거에 좋을지 싶어서, 이것저것 다 시켜봤는데 승묵이가 끝까지 음악을 가더라구요.

저는 선생님이 칭찬을 많이 하셔서, 승묵이 같은 경우에 바둑을 오래갈[오래 할] 줄 알았거든요. 근데 그렇진 못하고 컴퓨터 같은 경우에도 초등학교 6학년 때 선생님 같은 경우에도 승묵이를 선생님이 "IT 고등학교를 가라" 이렇게 할 정도로, 컴퓨터에도 승묵이가 그 당시에 자격증 같은 거, 실무사 자격증, 영어 영문 자격증 그런 거까지 다 따놓은 상태였었거든요. "아 그런가. 승묵이가 컴퓨터 쪽에 이렇게 소질이 있나" 싶어서 이렇게 [기대를] 했는데, 중학교 가서는 음악 쪽으로 또 밴드 활동 하는 게 있더라구요. 그리[그걸] 시작을 해서 음악을 꾸준히 놓지 않고 가더라구요.

5
승묵이 음악 활동, 시골 이사 계획

승묵 엄마   초등학교 때 자기의 미래 설계를 하는 게 있었어요. 그랬더니 자기가 "[20]10년도 그 즈음부터 13살부터 기타리스트, 음악을 가르치고 있을 것이다, 그게 60살까지"[라고 설계를 하더라고요]. 그렇게 한 게 변함없이 다 기타리스트였어요. 그다음에, 나는 음악을, 기타를 가르치는 사람이 될 거라는 걸 자기가 [생각]했는지 그렇게 기타는 안 놓더라구요. 중학교부터 기타를 하고 친구들끼리 또 모아서 자기들 나름대로의 '단세포'라는 또 밴드를 만들어서 친구들하고, 음악을 좋아하는 친구들이에요. 승묵이 같은 경우에 제가 음악을 좋아하고 거기에 전념을 하니까, 저는 밀어주는 상태였구요. 나머지 친구들 같은 경우에는 하고 싶은데 부모님들이 반대를 하는 아이들이었어요.

친구 부모님이 교회를 하시는데 악기들이 있잖아요. 친구들이 모여서 예배시간 끝나고 남는 시간에 친구들끼리 만나서 연주도 하고.

승묵이 같은 경우에 작곡을 하고 싶다고 한참을 그러더라고요. 그러면 "해 봐라 네가" 그래서 승묵이가 책을 사서 독학식으로부터 시작을 했어요. 그렇게 하다가 막히잖아요. 많이 보고 듣고 해도 자기가 막혀버리니까 "엄마, 학원을 좀 보내주세요" 그래 갖고 고등학교 1학년 때 들어가서 실용음악 학원을 제가 등록을 시켜서 그때부터 연주를 하기 시작을 하는데, 승묵이 성격 같은 경우에는 자기가 자기 거를 다 얻잖아요, 습득을 하잖아요, 자기가 충분히 습득을 했어요. 그거가 앞으로 더 진도가 나가야 하는데 진도가 안 나가고 [그러면], 학원 같은 경우에는 같은 그룹으로 해서 [진도가] 같이 가잖아요. 그러니까 승묵이는 그런 걸 싫어했어요. 그래서 자기가 [습]득한 것만큼 그거[진도]를 빨리 나가야 되는데 그렇지 않으면 지루해하고 가지를 않아요.

그래서 한참을 상담을 했거든요, 저하고도. "네가 그럴 경우에는 승묵아 일대일 수업이 최고로 너한테 맞는다, 그럴 경우에는. 네가 지금까지 배워온 거 해서[거에 대해서] 네가 더 필요하다면 엄마가 그렇게 해래도[일대일 수업으로 해서라도]", "엄마, 너무 비싸서 힘들지 않겠어요?", "아니, 네가 한다면 어떻게 해서라도 할 수 있으니까 그렇게 해라" 그래서 1년을 학원을 다니고 중간에 좀 쉬었어요. 승묵이가 진도가 안 나가다 보니까.

2학년 올라가면서 방과후활동을 하고 자기가 신청을 했어요, 자기가 부족한 과목. 승묵이는 [서울]예대를 목표로 하고 있었거든요. 실용음악 같은 경우에 [서울]예대가 제일 1순위로 알아주고, 그 다음에 이제, 음, 누구야 박칼린 그 선생님 있는 동아댄가 거기를 두 번째로 치고, 전남에 있는 학교를 세 번째로 치더라구요, 실용음악과를 학원 측에서 설명을 해주는데. 그래서 승묵이는 예대가 집에서도 가깝고, 이사한 곳이 거기 21세기[병원] 산 넘어가거든요, 예술대학교 있는데. 그래서 "그럼 너는 거길 목표로 하고, 네가 해라".

그래서 승묵이 같은 경우에, 2학년 올라가더니 성적 같은 경우에는 뭐 승묵이가 3, 4등급. 수학, 영어 같은 경우에는 승묵이가 수학을 중학교 때 완전 놔버렸어요. "내 생활하는 데는 수학이 이 정도까지 필요하진 않아" 걔는 그렇게 얘기를 했거든요. 그래 갖고 강요는 하지 않았어요. 근데 이제 "네가 꼭 필요할 때는, 네가 나중에 따라가기 힘들다. 그래서 엄마 같은 경우에는 했으면 좋겠다" 해서 "알았어요" 그러면서 목표를 세우더라구요.

그러더니 방과후활동 하는 과목에 자기가 필요한 과목을 선택을 했고, 2학년 때 가서는 법과 정치, 이제는 나뉘잖아요, 이과, 문과로 나뉘니까, 자기가 선택한 과목이 부족할 거 같아서 법과 정치와 수학을, 승묵이 같은 경우는 방과후활동을 신청을 해서 활동을 했구요. 그다음에 이제 수학여행 다녀오고 나서, 일대일 수업으로 하려고 승묵이 같은 경우에 자기가 나름대로 계획을 하고 있었던 차였었거든요. 그래서 그게 좀 많이 아쉬웠구요.

연습을 집에 와서 하는데 공동주택이거든요. 단독도 아니고 공동주택이다 보니까 승묵이 같은 경우에 낮에는 와서는 잘 안 해요. 하기는 하는데 안 해요. 한숨 누워 있다가, 꼭 어두운 시간에 아이들이, 예술가들이 이렇게…(웃음) "왜 밤에만 그러니?" 그랬더니 얘기 들어보니까 다 예술하시는 분들이 밤에 영감이 뜬대요. "너도 그런 거니?" 그래 갖고 "그런데 승묵아, 너는 그렇게 하고는 싶은데, 이[여기는] 공동주택이다 보니까 남한테 피해가 갈 수 있잖니?" 그렇다고 우리처럼 뭐, 낮에 직장생활을 갔다가 밤에는 자고 생활하는 분들이 아니고 요즘에는 주야간으로 하시는 분도 있고, 그런 저기 직업 자체가 그러다 보니까 [밤낮이 바뀐 분들이] 많잖아요. 그래서 "어떡하니?" 그래 갖고, 승묵이가 그걸 스트레스를 너무 많이 받아갖고 아빠가 집에 방음을 해준다고 방음회사까지 이렇게 알아봤는데. 그 당시에는, 그전에 이야기인데 알아보니까 군산에 있더라구요. 그걸 전문적으로 완벽하게 하려면 저기 군산에 있더라구요.

면담자   그 방음업체가요?

승묵 엄마   네. 아빠가 그거까지 알아보셨어요. 알아봤다가, 승묵이가 너무 스트레스를 받으니까 "학원엘 가라" [했더니] "엄마, 학원에 가서 연습을 하면은 이제는 좁은 공간에서 연습을 하긴 하는데 그거는 싫다"는 거예요. "그거는 너무 답답해서 싫다" 그래 갖고 "그럼 안 되겠다". 그럼, 아빠하고 저희는 시골로 갈 계획은 잡고는 있었어요, 아빠하고요.

○○이까지 대학교 가서 아이들이 개인의 삶을 들어가면은 아빠랑 저랑 시골 들어가서 살 계획이었거든요. "그거를 좀 앞당기자". 그래서 아빠하고 앞당겼어요, 그거를. 승묵이가 마음대로 가서 연주를 하고 싶을 때 하고 자기 음악 활동을 하라고, 시골에 가

서 집도 나온 거 보고 한참 그랬었거든요. 13년도 같은 경우에는 더 빨리, 승묵이가 더 빨리 원하니까 그렇게 했는데. [상황이] 마땅하지가 않았고 저희가 또 가게도 하고 경제적인 게 여유 있는 돈이 아니고, 가게랑 집도 내놓고 막 이래야 되는 상황이었기 때문에, 마음에 드는 집이 있어도 이놈의 가게가 안 나가더라구요. 지금도 하고는 있기는 있는데. 남들은 집이나 뭐든지 내놓으면 빨리빨리 나가는데 우리는 너무 힘들더라구요, 그게. 집을 내놓고 빨리빨리 이게 진행이 안 되더라구요. 거기에 딱 막혀버리는 거예요. 그래 갖고 14년도까지 오게 됐죠. 이사는 가고 싶어서 딱 정했었는데 그러질 못하고 이런 사고가 나긴 했죠. 그 전에 승묵이가 더 빨리 이야기를 했다면 빨리 갔을 수도 있는데 그러지 못한 게 후회스럽구요.

아빠가 직장을 그만두면서 아빠가 중국 가서 사업을 하신다고, 그 무렵에 여기 한국에서는 같이 못 들어가니까 제가 생계유지가 돼야 되잖아요. 그래서 현금으로 둘 수 있는 게 슈퍼더라구요. 그래서 그 당시에 슈퍼 한 게 지금은 너무 후회스러운 거예요. '왜 그 당시에 슈퍼만 하려고 했었을까' 고집한 거 자체가 너무 후회스러웠던 거죠. 그런 게 다 원망스럽고, 제 딴에는 그랬었죠.

승묵이가 음악할 때 너무 행복해하고 좋았구요. 그다음에 또 5월에 있던 페스티벌에 나가려고 친구들끼리 연습도 또 한 것도 있어요. 그래서 동영상도 올라온 것도 다 아빠가 다 찾아내 갖구서는 지금 가지고는 있는데, 또 집에 와서 한 거치고는, 이야기한 거치고는 제가 바빠서 활동을, 전에 같으면 가서 지켜도 보고 했을 텐데 그러질 못한 상황이어서요, 그게 되게 아쉬웠었거든요. 승묵이가 녹음하고 영상 [녹화]한 게 남아 있어서 그나마 지금은 위안을 갖기는 하는데 음… 나름대로 제가 생각한 것보다 되게 열심히 했고 잘했더라구요, 동영상을 보니까.

6
교육 방식

면담자   아이들 키우실 때, 여러 가지 해보게 하셨는데 원하는 걸 찾아갔으면 좋겠다는 생각을 하셨어요? 승묵이 어릴 때부터?

승묵 엄마   네, 네, 네. 어렸을 때부터 저는 그렇게 생각을. 제가 원치 않게 운동을 했어요. 저는 공부를 하고 싶은데 어떻게 하다 보니까 운동의 길을 가게 되더라구요. 그래서 운동의 길을 갔고, 아빠 같은 경우에는 미술을 가고 싶은데 그 당시에 이제는 집안 형편상 그러질 못해서 아빠는 미술을 접게 됐거든요, 그 꿈을. 그러고 나서 이렇게 직장생활을 하게 됐는데, 우리 아이들만큼은 그렇게 하고 싶지가 않더라구요. 저도 결혼을 하고 나서 제가 해보고 싶은 게 너무 많아 갖구요. 그동안에 운동 때문에 못 해봐서, 직장생활을 하면서도 컴퓨터며, 음악이며, 저도 공예 같은 거며 붓글씨며, 저도 하고 싶은 거를 이것저것 다 해봤어요. 근데 제일 나중에 못 해본 게 피아노라서 결혼을 하고 나서 승묵이 어느 정도 크고 나서 저도 피아노도 좀 배워보고, 공예 쪽을 배워보게 됐어요. 그 당시 한참 비즈가 유행이어서, 비즈부터 시작을 해서 제가 이제 한지 공예를 하는데 어, 이것저것 하는데 한지 공예가 저한테 너무 맞더라구요. 너무, 만지는 촉감도 그렇고 풀질을 하고 나서 한지 만지는 느낌도 너무 좋구요. 그래서 그거를 한 10년 정도 하다가 슈퍼를 하고 그러면서 제가 조금씩 손을 놓게 됐는데, 닥종이 인형 같은 경우엔 손을 안 놓고, 가게를 하면서도 일주일에 한 번 수업은 계속, 아빠가 또 시간을 내줘서 그거는 계속했거든요. 그래서 그렇게 제가 하고 싶은 거를 이렇게 이렇게 하다 보니까 제 거를 찾았잖아요.

그래서 '아, 우리 아이들도 그렇게 해봐야겠다' 싶어서 저는 승묵이때부터 이것저것을 다 해보게끔 한 거예요. 그러면 '나중에 자기가 좋아하는 게 그게 나타나겠지' 싶어 갖고 그렇게 하게 된 거였거든요. 동기가 그렇게 하게 된 거였어요. ○○이 같은 경우에도 오빠가 '구몬' 학습지 하고 있으니까 저는 억지로 안 시켰어요, 둘째 같은 경우에도.

승묵이 같은 경우에 첫애니까 그런 경험이 많지 않아서 학습지를 하기 시작을 했어요. 그것도 어머니, 시어머니, 그러니까 [승묵이] 할머니가 오신 날인데, 딱 아주머니가 그때 당시에는 문을 두드리고 들어오셨거든요. 열어드렸는데 이게 학습지인 거예요. 어머니가 "애 시켜봐라. 좋아한다" 그러면서 그때부터 하게 된 거예요.

저도 원치도 않았던 거였거든요. 어머니가 놀러 오신 날 그분이 딱 그렇게 돼서[와서] 그때부터 "시켜라. 돈 없으면 대준다"고 하시니까 그런 정도는 아니고, "시켜봐라" 그래서 얼떨결에 시키게 됐어요. 승묵이 같은 경우는 원치도 않은 상태에서 그래서[시켰는데도] 또 잘하더라구요. 근데 애기들은 또 그렇잖아요. 너무 집중 시간이 짧고….

그런데 제 성격 같은 경우에는 운동을 한 성격이고, 아버지가 군무원이셔서 시간 개념이 딱딱딱딱 돼 있어요. 그 습관화가 제가 배어 있어 갖고 아이한테 맞춰줘야 하는데 그 당시에는 그런 게 없었잖아요. 요즘에는 아이들에 대한 정보, 이런 거다 저런 거다 방송에 되게 많이 나오지만 그 당시에는 그런 교육 자체도 없었구요. 오로지 책에서만 알고 배우고 그런 상태였거든요. 아이들한테[아이들에 대해서] 연구를 많이 해갖고 나온 자료도 없었구요. 그래서 그냥 그렇게 해서 저한테 맞춘 거죠, 그때 당시에는. 애기가 그 당시에는 스트레스를 받는데도 저는 자세하게 저한테만 맞춰줬지, 아이를 생각을 하지는 못했죠.

그래서 좀 밀고 나갔다가 '아, 이게 아니다'라는 거를 제가 진짜로 생각을 했을 때는 승묵이 초등학교 때였어요. 네. 그리고 음… '진짜로 이렇게 해서 나가면 안 되겠구나'라고 한 게 6학년 때. '내 의지대로, 나한테 맞춰서 가면은 안 되겠구나'라는 거를 그렇게 [생각]해갖고, 완전히 그 당시에서부터 승묵이 하고 싶은 대로 완전히 밀어줘 버린 거죠. 그때부터였고, 그 전에는 '아 맞다, 내 입장으로,

35
•

나한테 중심으로 아이들을 맞춰서 하면 안 되겠구나'라는 거는 생각은 있었는데 그게 실천하기가 쉽지는 않았죠.

작은애 같은 경우에는 오빠가 하는 걸 보고 "저도 시켜주세요" 그래 갖고 피아노, 미술 같은 경우에도 오빠가 가니까 덩달아 가더라구요. 그래서 시작은 했는데 ○○이 같은 경우에도 '미술의 끼가 좀 있겠구나' 그래서 '아빠 영향을 받나 보다'라고 생각을 했어요. 근데 그게 아니고, 좀 크다 보니까 ○○이 같은 경우에는 "빵 만들고 싶어요", 제과 제빵. 걔 같은 경우에는 그리 가더라구요.

그리고 요즘 미니어처 한참 유행했잖아. 미니어처 만드는 걸 보고서 걔는 ○○이 같은 경우에는 그런 쪽으로 나가더라구요. 음악 쪽으로는 정말 아니구요. 진짜 아니구요, 흥미도 없었구요. 피아노 따라가는 거 재미 [붙이는] 그 정도였는데, 승묵이 같은 경우에는 끝까지 가서 걔는 그 진로를 잡은 거였고. ○○이 같은 경우에는 빵 만드는 걸 너무 즐거워하더라구요, 좋아하더라구요. "학원을 보내줄까?", "아니요. 그렇게까지 안 하고 싶어요". 지금까지 저 스스로 하고 싶으니까, "오븐 같은 거 사주세요" 그래서 자기가 필요한 거 그런 거는 조달해 주는 거고. 그 정도로 아이들을 그렇게 하게 된 거였죠.

면담자 승묵이 6학년 때, 아이들 가르치는 데 대한 생각을 바꾸신 특별한 계기가 있으셨어요?

승묵 엄마 음. 승묵이 중학교 때 저희가 슈퍼를 시작을 했어요.

6학년 말쯤. 5학년 때부터 승묵이가 사춘기가 오기는 왔는데요. 승묵이 같은 경우에는 되게 심한 아이는 아니었거든요. 말이 조금 적어졌거나, 그렇다고 말을 안 하는 아이는 아니었거든요. 그때가 한참 사춘기였다가, 6학년 말, 중학교 가기 전 겨울이[겨울에] 되게 심하게 [사춘기가] 온 거였어요. "엄마 저 이거 안 하고 싶어요", 하고 싶지가 않다고. 그래서 이제 모든 것을 승묵이가 포기를 하더라구요. 포기보다도 놓더라구요. "엄마, 이제 공부 이거는 제가 알아서 할게요", [그래서 제가] "그러면 너를 믿고서는 이거를 그만두자"[고 했어요].

승묵이하고 이야기할 때는 항상 그런 이야길 하거든요. 저도 그렇고 제가 자라온 걸 떠나서 제가 살아온 그 시기 시기가 있잖아요. 그 이야기를 해줘요. 그래서 "엄마가 너한테 지금 이렇게 이 정도 이야기해 줄 수 있는 거는, 엄마가 그거를 겪어왔기 때문에. 지금 네가 중학교 14살이라면 엄마도 14살이라는 그때 시기를 거쳐왔기 때문에 엄마의 생각을 좀 반영을 하고, 주위에 있는 사람들, 어른들의 [의견을] 반영을 해서 엄마가 너한테 이야길 해줄 수 있는 거야". 그거를 고등학교 때까지 꾸준히 오면서 그런 식으로 이야길 했어요. "엄마가 지금 마흔 살이라면 마흔 살까지는 살았기 때문에 마흔 살까지 너한테 이야길 해줄 수 있어. 그렇지만 엄마가 그 이후 나이, 할머니 나이는 살아보진 않았기 때문에 할머니의 겪었던 생각을 엄마가 너한테 이야기는 못 해. 그러기 때문에 너한테 강요는 안 하지만 그 나이에 그때그때 그렇게 [겪어보고 이야기]한 거니까는 이런 거를[엄마의 의견을] 좀 받아줬음 좋겠어, 그런 부분에 대해서"라고 했더니 승묵이가] 수긍을 하더라구요.

승묵이 같은 경우는 삐뚫어 나가거나 막 대들거나 그런 거 하지는 않았어요. 그 담에 엄마하고 한참을 이야기하다 보면, 승묵이에 대한 것도 이야기를 또 하고요. "너는 이러이러했을 때 승묵이는 그런 걸 모르겠지만 상대편이 봤을 때, 너 모르지? 네가 화가 나거나, 기분 나쁘면 입이 이렇게 한쪽으로 이렇게 치우친다거나 안 좋은 표정을 되게 심하게 한다는 거. 너는 모를 거야. 근데 엄마가 봤을 때도 그래. 근데 상대방, 다른 사람이 봤을 때도 그럴 거거든. 너는 기분 나쁘게 그 사람을 그렇게 한 게 아닌데, 그런 표정을 지으면 상대방을[의] 기분을 되게 나쁘게 하는 그런 요인이 될 수 있으니까 그런 거는 고쳐" 이런 식으로 이야기를 되게 많이 했었거든요.

7
엄마의 꿈, 가족의 꿈

면담자　　　어머니 올해 연세가 어떻게 되세요?

승묵 엄마　　아, 저 연세까지, 마흔다섯이에요. 그래서 그 정도까지는. 아빠한테도 그랬거든요. "저 50살 때까지만 고생시켜 주세요. 그 이후로는 저 고생 안 할 거예요", 아빠한테도 못을 박았었거든요. 예, "그때 되면 ○○이도 개인적으로 독립을 할 나이도 됐고, 내 50살 되면 그때 시골에 갑시다" 이렇게 한 그런 계획이 있었어요. 제 삶의 계획이 있었죠.

그래서 너무 행복했어요. 저의 삶의 제일 목표를 [말]하자면 지금까지도 너무너무 행복했어요. 지금이 아닌 승묵이가 이런 사고가 있을 때까지 저는요, 너무너무 행복했거든요. 경제적으로 엄청 부유, 넉넉한 것도 아니었구요. 그렇다고 내가 하고 싶은 거 다 할 수 있는 그런 것도 아니었지만 너무 행복했어요. 그래서 승묵이, ○○이한테도 항상 그래요. "엄마는 지금 너무너무 행복해. 누가 돈을 더 많이 준다거나 그런 것도 싫어. 지금이 너무너무 행복해. 왜냐하면 우리 빚도 있는 것도 아니고, 지금 이제 살면서 벌은 만큼 그거 가지고 생활을 하니까. 또 그렇다고 너무 없는 것도 아니고 너무너무 행복해"라고, 저는 너무너무 행복했으니까요.

그리고 꿈이 있었으니까요. 50살로 그걸 잡았지만 미리 당기기는 했어요. 그래서 시골에 가서 아빠랑 텃밭을 일구면서 저희는 사는 게 꿈이었는데, 승묵이의 꿈이 거기에 같이 또 겹쳐지는 거예요. ○○이 꿈이 겹쳐지구요. 요즘에 전원생활을 많이 했잖아요. 그래 갖고 그런 시세로 저는 하려고 미리 계획을 되긴[하긴] 했었어요. 승묵이가 음악을 하니까 '아, 우리 승묵이가 음악을 할 수 있는 조그마한 소공연장을 하나 만들고, ○○이가 빵을 만들고 싶어 하고 하니까 ○○이에 맞춰서 카페를 만들어서 빵을 만들어서 사람들 또 즐겁게 하는 그런 공간을 만들고, 엄마, 아빠는 또 조그만 텃

밭을 일구면서 또 아이들 보조할 수 있는 그런 공간을 만들자'라는 제 꿈이었거든요. 그게 제 꿈이었어요. 조금씩 조금씩 실현돼 가는 단계였구요.

그때가 제일, 말 그대로 제일 행복했는데, 지금으로서는 승묵이가 그게 이제 없다 보니까, 제 꿈마저 이제는 사라지다 보니까, 제 살아가야 할 목표가 없어지더라구요. 그래서 지금까지도 그래요. 엄마들도 그렇고 주위 분들이 "○○이를 위해 이제 살아야 되잖아" 근데 솔직한 말로 그래요. ○○이한텐 너무 미안해요. 우리 ○○이도 마음이 아픈데 솔직한 말로 ○○이한테, 뭐라 그럴까 지금 다독여 주고 싶은 마음 자체가 없어요. 보듬어주고 싶은 그게 없어요. 제가 이제는 조금, 뭐라 그럴까 ○○이의 눈치를 보면서 '아, 이건 너무하구나' 할 때….

제가 스킨십을 너무 좋아해요. 아이들한테도 그렇고 아빠한테도 그렇고. 아빠 출퇴근하면 항상 입 뽀뽀하고, 아이들 앞에서도 셋이서 다 입 뽀뽀해 주고, 승묵이가 그 나이가 됐었어도요, "엄마하고 뽀뽀 좀 한번 할까" 그러면서 들이대는 애였거든요. 너무 제가 그런 거를[스킨십을] 이렇게 [자주] 했다 보니까 [지금은 ○○이에게] 그거를 못 해줘요, ○○이를. '아, 이날은 너무 내가 너무 심하구나' 하면은 한번 보듬어주는데, 전에같이 진정으로 감싸주는 게 아니에요. ○○이를 안아주는 게 아니고. 그래서 그게 조금 마음이 많이 아프죠(울먹임). 눈물 흘리게 하네.

승묵 엄마 은인숙

8
삼일마트

면담자   어머니 슈퍼는 월피동 '삼일마트' 맞죠?

승묵 엄마   네, 맞아요.

면담자   그게 보도기사도 나서 봤었는데.

승묵 엄마   아, 처음에 그랬죠.

면담자   아버님이 회사 그만두시고 중국에 가시고 어머니 혼자 시작하셨던 거지요?

승묵 엄마   네. 시작을 하는데, 시동생이 좀 도와줬죠. 많이 도와줬죠. 삼촌이 도와줬어요, 힘들게. 아이들 봐줄 사람이 없었으니까. 아이들은 아이대로 하고 또 처음에 많이 힘들었죠. 서로 해보지도 않았던 첫 경험을 그걸 하니까는 서로 삼촌이랑 있었어도 쉬지를 못하는 거예요. 6시 반에 열어서 [다음 날 새벽] 1시까지 서로 쉬질 못하는 거. 어떻게 처음 해보는 거라 서로 이제는 실수도 많고 물어보고 해야 하기 때문에 쉬지를 못하고, 항상 같이 그렇게 꼬박 거진 한 달을 그렇게 한 거 같아요, 그 생활을.

그리고 나서 아빠가 3개월 있다가 오셔갖고, 그 이후로 아니다 싶어 갖고 아빠가 별도로 슈퍼를 하면서 친구분이 하시던 폐 토너 수거하는 게 있어요. 그래서 그거를 병행을 하시면서 그때부터 그렇게 생활을 들어간 거죠.

면담자　　　결혼하시고 나서 가장 바쁘고 좀 힘드셨던 때가 그
때였나요?

승묵 엄마　　　네, 그때였어요. 그때가 제일 힘들었죠. 아이들 떼
놓고 저는 슈퍼를 해야 되고 또 집이랑 슈퍼가 좀 멀었어요. 그래
갖고 아이들 항상 그게 걱정이 되는 거잖아요. 승묵이가 그때 한참
사춘기, 중학교 1학년 들어가고 ○○이가 3학년 때였어요, 초등학
교. 한참 손이 갔을 땐데 봐야 되잖아요. 제 눈으로 봐야 안심이 되
는데 그거를 못 하니까, 전화 통화로밖에 못 하니까는 그 당시에
그때가 제일 힘들었죠. 그래도 힘들었어도 꿈이 있었으니까 서로
이야기를 하면서 보듬어주면서 그렇게 간 거죠. "조금만 우리 고생
을 하자" 우리 아이들한테도 그렇게 이야길 했었구요.

　　　또 저 같은 경우에는 많은 건 아니지만 ○○이보다 승묵이 같
은 경우가 더…. ○○이랑 승묵이가 4살 터울이거든요. 4살도 승
묵이는 3월생이고 ○○이는 12월 생일이라 거의 5살 터울이나 마
찬가지예요. 그래서 터울이 크다 보니까 주로 아빠가 중국 가서 없
을 때도 항상 승묵이한테 의지를 한 거예요, 제가요. 승묵이밖에
없잖아요.

　　　○○이가 어리다 보니까 친구들하고 놀고 싶은데 놀지도 못하
고 [수업] 끝나고 오면, 둘 다 무서움이 많아서 혼자 놔두지를 못해
요. 그래 갖고 "승묵아, 엄마 이렇게 해서 늦으니까 네가 일찍 들어
와서 애기 좀 챙겨. 그렇게 해서 같이 있어줘. 먹고 그다음 해줘"
이렇게 해서 거진 둘이 집에 있다시피 했죠. 그게 중학교 때도 마

찬가지였고.

조금 아빠가 와서 도와주고 해도 아빠가 슈퍼만 하는 게 아니고, 엄마랑 둘이서 아빠 별도로 일이 있으니까 일 끝나면 와서 슈퍼 봐주시면, 아빠가 한 7시쯤에 오시면 그때 이제 제가 들어가 갖고 아이들 저녁 챙기고 좀 봐주고 그렇게 하는 생활이었는데, 제가 피로가 워낙 워낙, 많이 많이 쌓이다 보니까…. 슈퍼가 그래요, 다른 일도 마찬가지겠지만, 슈퍼 같은 경우에 그래 갖고, 제가 피곤해서 쉬는 그런 핑계로 아이들하고 솔직한 말로 커다란 이야기를 예전처럼 많이 하지를 못했어요, 슈퍼를 하면서.

그래서 뭐라 그럴까, 승묵이하고 이야기하는 것도 절반으로 줄었다고 할까. 다른 부모님들 이야기를 하면[들어보면 아이개] 말을 안 한대요. 우리 승묵이는 안 그래요. 이야길 참 잘해요. 친구들 가정사는 얘길 안 해요. 엄마는 궁금하잖아요, 엄마들은. "어때 어때?" 하면 엄마가 편견을 갖고 있다고 그래서 이야길 안 해줘요, 친구들이[친구들에 관해서], 친구들하고 못 놀게 할까 봐. 저는 그런 게 아니거든요. 저 같은 경우에는 그런 게 없는데, 승묵이는 엄마가 그렇게 할 거 같다 그런 게 있었나 봐요, 지 나름대로. 그런 건 이야길 잘 안 해요. 친구들 오면 몇 가지 이야기 또 물어보면 대답도 해주고, 또 학교에 있었던 이야기, 자기가 불만스런 이야기, 나는 내가 이렇게 해야 되는데, 이렇게 해서 잘못을 안 했는데 나는 억울한 거 있잖아요. 그런 걸 표현을 많이 해요, 승묵이가 와서.

학기 초에도, 1학년 때에도 담임선생님하고 트러블이 있는 거 같아 갖고. 승묵이는 승묵이 나름대로 오해였고, 선생님은 또 그런 게 아니고 첫 학기, 처음 부임을 해서 담임을 맡고 하니까 얼마나 선생님이…. [승묵이가] 또 남학생이잖아요. [선생님은] 또 젊으셔요, 29살이셨거든. 그러니까는 잘해보셔야겠다라는 그런 마음이 크다 보니까, 아이들하고 그게 나이 차이는 별로 안 나더라도 그게 있더라구요. 그래서 많이 힘들어서[힘들어하셔서] 제가 선생님하고도 통화를 많이 해서 선생님이 반 아이들 단합대회 겸 아이들을 알아보자라는 식으로 해서 단합대회를 열었어요. 있잖아, 아버님이 삼겹살을 대주시고 저희 같은 경우 슈퍼니까 다른 건 못 하고 간식, 음료수나 그런 거를 해서 아이들[아이들과의] 시간을 선생님이 꾸준히 가지시더라고요, 그 이후로. 그래 갖고 많이 좋아지시고, 승묵이도 선생님한테 사과를 했고 선생님이 잘못한 부분에서는[부분에 대해서는 선생님께서] 사과를 해주셨다고 또 전화를 해주시더라구요. 그렇게 지냈죠.

9
학교생활

면담자   승묵이 학교 다니는 동안에 어머니 속상하시게 하거나 그런 일은?

승묵 엄마   없었어요. 그런 거는 절대 없었어요. 오히려 더 즐거

워했어요. 승묵이 같은 경우에 좀 지각을 많이 했을 수도 있어요. 지각을 떠나서 승묵이가 그게 있거든요. 딱 8시면, "8시까지 와라" 학교에서 그래야 되는데 예비시간이잖아요. 8시는 예비시간이고, 수업은 20분에 시작을 한단 말이에요. 그러면 20분이라는 공간이 있잖아요. 그러니까 꼭 8시까지 가야 되는데 승묵이[는], "엄마, 지각 아니에요. 예비예요. 20분부터니까 그 전에만 들어가면 돼요". 승묵인 그게 있어요.

담임선생님하고 처음에 그게 많이 맞물렸었어요[부딪쳤었어요]. 그래서 담임선생님한테도 이야길 했어요. "승묵이 같은 경우에는 선생님, 20분까지 이렇게 그런 얘길 하시지 말고요, 딱 8시면 8시까지 꼭 와야 된다는 걸 걔는 전제를 해야 된다. 그렇지 않으면 승묵이는 그 시간에 가니까" 처음엔 그렇게 했는데, 그게 선생님하고 화해가[오해가] 잘 풀려갖고 그런 거 없이 또 잘 가고 해긴[하긴] 했죠.

또, 승묵이가 그래요. 억울해하는 건 꼭 얘기를 해요. 핸드폰을 이제는 마지막 시간에 종례 시간에 어떻게 했다가 했는데 문자가 왔다나. 그래 가지고 선생님 말만 듣고 나가면 되는데, 그래서 그거를 살짝 봤는데 선생님이 그걸 보셔갖고 뺏겼대는 거예요(웃음). 그게 뺏겨갖고 그거 땜에 핸드폰도 없고 억울하다고 막 그러면서 "그건 네가 잘못한 거야. 아무리 왔어도 보질 말았어야지" 그런 이야기도 하고. 승묵이 같은 경우엔 와서 이야기를 많이 하는 편이에요.

2학년 올라가서는 3학년 언니, 누나들이 졸업을 하고 그 전에 맡았던 언니들, 누나들이 졸업을 했지만서도, 3학년 올라가면 동아리 활동이 많이 적어져요, 공부를 해야 되니까. 2학년 아이들이 주도를 하다시피 하거든요. 그래서 성호가 같이 저 옆에 있다는 밴드가 있어요. 애들이 거기 하도 들어오라는데 저[승묵이]는 안 들어가구요. 제[자기]가 다시 동아리를 만들고 싶어[싶어서] 이제는 다른 밴드를 했대요. 그래서 선생님한테 "선생님, 저 이러이러해서 하고 싶은데 만약에 하게 되면 선생님이 저희 맡아주실 거예요?" 하고 부탁을 했대요. 그래서 그때 선생님 성함을 얘기를 해줬는데 제가 기억이 안 나요. 여자분이셨거든요. 해주신다고 했대요. "그러면 그거를 네가 어떻게 할 건지 계획서를 갖고 와봐라. 그래서 그걸 보고 선생님이 승낙을 하겠다" 해갖고 가져가서 선생님이 보고 "알았어. 선생님이 이렇게 너희 담당을 해줄게" 해갖구서 다시 동아리를 만들었어요. 가서 드럼도 배우고, 밖에 외부 활동으로 가서 그렇게 활동을 한 번 하고 이런 사고가 난 거였거든요. 그러면서 너무 좋아했어요. 자기가 자기 스스로 좋아하는 밴드를 자기 마음대로 친구들하고 만들어갖고 하는 거를 너무너무 좋아해 갖구요, 엄마한테 와서 저한테 와서 자랑을 되게 많이 했거든요. 그니까 그때 그 표정이 너무 밝은 표정이요, 너무. 네, 그게 잊어버리지가[잊히지가] 않아요. 너무 좋아 좋아한 그게요.

면담자　　　어머니 말씀하신 그 '단세포'?

승묵 엄마　　　아니 그거는 별도. 단세포[는] 중학교 친구들하고 같이 하면서, 고등학교 같이 올라가서 같이 하긴 했지만, 그거는 중학교 때부터 시작을 해서 친구들이 했던 거였어요. 주도를 했죠, 승묵이가. 친구들은 조금씩 악기를 다뤘지만 완벽하지는 못했대요, 승묵이 말로. 그래서 승묵이가 악기를 거진 다루다시피 하니까 드럼을 하면서 드럼 가르치고 기타 같은 거 하면서 좀 부족한 부분 [도] 가르쳐주고, 승묵이 같은 경우에는 그래서 피아노랑 일렉 기타 [전자기타]랑은 승묵이가 거진 다 연주하다시피 했어요. 이제는 항상 보컬이 문제니까 노래 좀 너무 잘했으면 좋겠대요. 그래서 "그건 충분해, 승묵아" 네가 노래를 못한다고 올리면… 변성기가 오면서 높은 음이 안 올라가잖아요. "그러니까 그거는 충분히 트레이닝해서 네가 할 수 있을 만큼 거기서 가르쳐주니까, 방법도 가르쳐주고 하니까, 네가 하고 싶다면 이야길 해라. 엄마는 충분히 보내줄 수 있는 그게[용의가] 있으니까 꼭 얘기해"라고 하니까 그러겠다고 하더라구요. 그래서 한참 또 그렇게 하고요.

[승묵이가] 노래방 가는 걸 너무 좋아했어요. 진짜 노래방을 너무 자주 갔어요. 근데 노래만 한 게 아니고 너무 재미있게 놀았더라구요. 그때 사진도 있고 동영상도 있는데 너무 재밌게들 놀더라구요. '저렇게들 노는구나. 이 녀석들 가면 저렇게들 재밌게 노는구나'. 왜냐면 노래방[을] 초기에 중학교 [때] 가면은 좀 불안했거든요. 좀, 뭐라 그럴까 되게 좋은 문화로 우리나라에서 받아들여진 게 아니었잖아요, 솔직하게요 그 당시에는. 지금처럼 노래만 할 수 있는 공간이 이렇게 있는 게 아니고, 그때 같은 경우에는 음주 같은 것도 이렇게 어른들한테 막 [권하고] 그러다 보니까 이제는 제가

선입견이 있었던 거죠. 많이 불안은 했는데 항상 승묵이를 믿었죠. 가면서도 항상 "조심해서만 놀아라, 가는 건 좋은데" 그렇게 해서 용돈으로도 주고 아니면 자기들끼리 더치페이해서도 가고, 그런 식으로 했더라구요. 또 학생들이다 보니까 비싸게는 안 받고 저렴하게 받아주시고 시간도 많이 주시고 그랬다고 항상 거기를 가요. '병천순대' 거기 옆이라고 항상 저한테 이야길 하거든요. 거기 가서 그렇게 친구들끼리 많이 놀고 오고, 중앙동 나가면 또 거기서도 또 신나게 놀고 오고 그러더라구요. 영화도 보러도 갔다 오고.

면담자　　　어릴 때 악기도 아예 사주셨어요? 일렉 기타도 사주시고?

승묵 엄마　　네, 네. 다.

면담자　　　키보드도 사주셨어요?

승묵 엄마　　키보드 같은 경우에 승묵이가 작곡을 시작하면서 필요하다고 사달라고 하더라구요. "그래, 사줄게" 했어요. 그 전에는 피아노만 있었죠.

면담자　　　아, 집에 피아노가 있었어요?

승묵 엄마　　피아노만 있고, 나머지 같은 경우에는 통기타부터 시작을 해서 일렉 기타 해갖고, 바이올린, 현악기 음이 너무 좋다구요. 베이스 기타까지 이야길 하더라구요. 음마다 다 이게 치는 게 틀리다 보니까, 이제는 바이올린 음이 너무 좋아서 접목을 시키고 싶었나 봐요. 그래서 바이올린 사달라 그래서 바이올린까지 사 논 상태였어요.

고 초기였어요. 승묵이가 한참 막 작곡하고 싶어 할 때 그 무렵이었을 거야. 그 전에는 악기 뭐, 해달라는 거, 저는 그 당시에는 "아, 이거는 안 돼. 조금 더 있다가. 지금은 현금이 안 되니까 조금 더 있다가 사줄게" 그렇게 이야기하면, 항상 그거는 사주고. "기타는 이렇게 이렇게 해서 필요해요" [하면] 항상 가서 사주고. 통기타 같은 경우에 두 개였었거든요. 제일 처음에 사준 거는 한참 많이 쳤는데 뭐라 그래요. 배가 튀었다고 그럴까요, 밑 부분이.

그래서 그게 조금 싫다고 다른 걸 사달라 그래서 하나 사주고, 뭐 일렉 기타는 기본적으로 갖고 있었고. 그래서 이제는 스피커가 승묵이가 "작은 거면 될 거 같애"[라고 해서] 스피커를 작은 거를 사줬는데, 자기가 하다 보니까 그게 아닌 거죠. 그것 좀 해달라고 큰 걸로 사달라고 그때 한참 그런[그러던] 차였고. 잭이 자꾸 고장 나고 "승묵아, 그거를[잭이 고장 난 것을 고치려면] 다른 데를 한번 가봐라" 그래서 아무리 가도 이게 맞는 게 없다고, "그러면 엄마가 다시 사줄게" 그러는 시기였어요, 그때가. 자기가 필요한 거는 다 갖고서 하고 싶어 했고, 네, 작곡을 해야 하니까 "엄마, 꼭 사주세요, 키보드 꼭 사주세요", "그래 그거 사러 가자" 이렇게 하고. 연습용 드럼도 필요하다고, 하고 싶다고 해서 악기사 가서 주문을 했는데 그게 나오기가 쉽지가 않다고는 이야기하더라구요. 한 250[만 원] 정도 이야길 하시더라구. 그래서 그렇게 [값이 내가도 "엄마는 네가 필요하다면" [하면서] 저는 다 사주는 편이었으니까요. 그것도 주문을 했는데 연락도 없고, 나중에는 보니까 악기사가 없어졌더라구요. 그래서 드럼 같은 경우 못 하고 교회 가서 하고 그랬었죠.

10
결혼 과정과 취미활동

면담자　　　어머니 얘기 잠깐 다시 돌아와서, 닥종이는 계속하셨잖아요?

승목 엄마　　　네, 네.

면담자　　　전시 같은 것도 하시고?

승목 엄마　　　닥종이 같은 경우에는 제가 전시는 못 했구요. 슈퍼로 바쁘다 보니까. 이제 하나씩 하나씩 맞추고, 그게 금방금방 나오는 게 아니에요. 닥종이 같은 경우는 엄청 시간이 걸려요. 그래 갖고 전시회는 못 했고. 그전에 한지공예, '지압'이라고 하거든요. 나무틀이나 골판지 위에다 한지를 덮쳐갖고 하는 공예로. 전시는 그건 많이 했는데, 닥종이가 나중에 하면서 제가 조금씩 조금씩 더 늘려가는 상태였기 때문에 닥종이 같은 경우에 전시는 못 했구요.

면담자　　　처음에 비즈로 시작하셨다고 했는데 여러 과정 거치다가 '종이가 맞구나' 그거를 알게 되신 거예요?

승묵 엄마   네, 그렇죠. 그 당시에는 그게 다 자격증이 있어요. 비즈 같은 경우에도 초급, 중급, 고급, 사범 식으로 해갖고 사범까지 가야지만이 지도를 할 수 있는 자격이 되거든요. 그걸 다 따놓은 상태에서 중간에 비즈하고 한지하고 같은 공방에서 했어요. 한지를 하는 거 보고 '어, 저거 좀 그렇겠다' 했는데, 한번 만지고 나니까 그 제가 아까 얘기했듯이 느낌이 너무 좋은 거예요. 그래서 비즈는 아예 손을 떼버렸어요. 자격증만 따가지고 놓고, 한지가 너무 좋은 거예요. 그때부터 한지는 꾸준히 하게 됐죠.

면담자   그것도 분야가 이렇게 나뉘나요?

승묵 엄마   네, 많이 나뉘어요. '지승'이라 그래서 새끼줄 꼬듯이 꼬아서 하는 것도 있구요. 아까 제가 '지압'이라는 것도 있고, '지화'라는 것도 있어요. 꽃만 만드는 그것도 있고, 지승이라는 거는 이제는 죽처럼 해갖구서는 그릇 같은 거 만드는 것도 있고, 닥종이과도 있구요. 분야가 되게 많아요.

면담자   슈퍼 하시면서도 일주일에 한 번씩 꼬박꼬박 어떻게 하셨어요?

승묵 엄마   네. 아빠가 이제는 시간을 내주셨어요. 이제는 매여 있는, 아빠 하는 일도 뭐 꾸준히 나가야 되기는 하지만, 매여서 하는 그렇게[그런 일이] 아니기 때문에 시간을 내주셨죠. 그나마 일주일에 한 번씩이라도 가라고. 네, 그래서 하는데 너무 부족하죠, 일주일[에 한 번]은 솔직하게. 집에 와서도 꾸준히 해야 하는데 하는 시간이 없다 보니까 항상 진도가 좀 늦죠, 다른 분들에 비해서, 같이 하시는 분들에 비해서. 그니까 작품 활동을 하고 싶어도 그게 안 되는 거예요, 전시를[전시에 작품을] 내고 싶어도. 그래서 조금씩 조금씩 이야기로 가자고 하는, 전시를 하려고 그랬어요. 9월, 10월에 여기 안산에 닥종이 인형 전시회가 있거든요. '종이문화축제', 거길 갈려고 준비 중이었는데 인제 더 이상 못 하게 됐던 거였죠. 중단돼 버렸죠.

면담자   어머니, 운동하신 거 하고는 분야가 되게 다른 거지요?

승묵 엄마   네, 틀렸죠. 운동도, 이제 제가 육상을 했어요. 그래갖고 학교도 대전까지 와서 거기서 [선수]생활을 했거든요. 집은 천안이었는데. 그 당시에는 스카웃을 한 거예요. 타 지역을 가다시피[타 지역으로 간 거죠]. 그렇게 그거를[육상을] 했는데. 저 나름대로 잘, 좋은 성적이라고 잘하긴 했는데요. 제가 중학교 때 빈혈이 너무 심해 갖고 치료를 받는 과정에서 조금씩 선생님 배려로 치료를 하면서 [운동을 했는데] 그 당시에는 혈압, 빈혈이 심하면 호흡곤란이 와서 많이 뛰지를 못해요. 신장이 안 좋으면 호흡곤란[이 오고 몸이] 안 좋듯이 빈혈 같은 경우에도 그래요.

[그래도] 조절을 많이 해서 그 이후에는 성적이 좋아져서 이제는 대전으로 가게 됐고, 대전에서 2학년 때 성적이 좋았는데, 3학년 때 빈혈이 갑자기 다시 왔어요. 3학년 성적이 제일 중요한데, 제가 거진 쉬다시피 [하게 되니까] 부모님이 와서 선생님한테 안 된다 도저

히 안 되겠다 싶어 갖고 운동을 3학년 때는 제대로 안 하고 운동을 놓다시피 하고 대학을 포기를 했죠. 중학교 3학년 성적이 제일 좋은데[좋아야 하는데] 저는 그렇지 못했으니까. 그래서 나와서 직장생활 하면서 방통대[방송통신대학교]도 생각을 하고 그 당시에는 방통대가 많이 좋았거든요. 그것도 생각을 했었고…. 제가 하고 싶은 거 이것저것 하다가 아빠를 만난 거예요. 직장생활 얼마 안 하다가.

면담자   직장생활은 얼마나 하셨어요?

승묵 엄마   3년 정도.

면담자   무슨 일 하셨는지 여쭤봐도 될까요?

승묵 엄마   삼성에 근무를 했어요.

면담자   그래서 수원에. 전자? 반도체공장?

승묵 엄마   네, 브라운관 그쪽에 있었죠. 아빠 만나서 결혼하면서 안산에 오게 된 거죠.

면담자   상사분이 잘 보셨나 봐요. 자기 친척을 이렇게….

승묵 엄마   [남편을 소개받으라고] 계속 얘길 하더라구요. 전 계속 싫다고 그랬거든요. 엄청나게 이야길 했어요.

면담자   왜 싫다고 하셨어요?

승묵 엄마   그 당시에는 제가 결혼까지 생각을 한 상태도 아니었구요, 만나는 거. 아빠랑 저랑 4살 터울이거든요. 그 당시에는 나이가 있다 보니까 결혼을 전제로 만나는 거잖아요. 연애로 전제가 [연애를 전제로 하는 게] 아니라 서로 만나면, 그게[단순한 연애가] 아니니까 저는 솔직하게 부담이었던 거죠. 결혼까지 그 나이에 생각을 안 했었는데 그랬다가 23살에 만났어요. 그래 갖고서는 한 1, 2년 조금 과정이, 힘든 과정을 거쳤죠. 저희 집에서 엄청 반대가 심해 갖고 더 일찍 못 하고, 2년 정도 지나서 95년도 가을에 결혼을 한 거였거든요. 〈비공개〉

그때 제가 도저히 안 되겠다 마음이 다시 바뀌어갖고 우리 부모님[한테] 이야기, 설득해서 결혼하게 됐죠. 우리 신랑이 저를 너무 좋아한 거였어요. 그러다 보니까 솔직하게 자랑도 아니지만 지금까지 살면서 아빠랑 20년 동안 싸움 한 번 안 했거든요. 부부 싸움 한 번을 안 했어요.

네. 아이들도 그런 거를 보고 저기를 해서[자라서] 그런지, 승묵이도 따뜻해요, 애가. 마음이 진짜 따뜻한 애구요. 동생[을] 많이 자기가 [챙기고], 항상 승묵이한테 책임감을 너무 줘서 미안했어, 미안했거든요. 아빠 없을 때도 의지를 하고 "네가, 아빠가 외국을 가든, 지방을 가든 엄마가 있어도 네가 가장이고, 네가 엄마랑 ○○이를 많이 지켜줘야 돼" 이런 식으로 많이 제가 그런 부담감을 줬거든요. "엄마가 없을 때는 ○○이도 네가 엄마, 아빠 대신 잘 지켜줘야 돼" 그러고서는 많이 돌보는, 그런 생활을 많이 했죠. 승묵이 같은 경우에 친구들하고 많이 놀고 싶은 나이잖아요.

11
승묵이의 가치관

승묵 엄마   [승묵이가] 그때 당시에는 친구들하고 한참 어울릴 나이고, 부모님들이 어디 가자 하면 싫어서 친구들 하고 놀 나이잖아요. 승묵이 같은 경우에는 그게 아니에요. 여행을 너무 좋아해요. 여행도 너무 좋아해 갖고 이제는 식구끼리 외가댁에 간다, 친가댁에 간다 하더라도 승묵이는 친구들하고 약속 있어도 꼭 와갖구서는 같이 따라가는, 그 정도로 항상 다 같이 따라 다녔어요. 다른 친구들은 "엄마, 나는 친구들하고 있을 테니까 엄마, 아빠 다녀오세요" 이게 아니구요, 항상 따라 다녔어요.

면담자   고등학교 가서도요?

승묵 엄마   네, 네, 고등학교 가서도요. 너무 좋아했구요. 그 당시 그전에 이제는 낚시를, 제가 슈퍼를 [봐야 하니까] 같이는 못 가고, 제가 슈퍼를 보고 아빠하고 아빠 친구분, 지인분들하고 같이 아이들하고 데리고 저는 [빠지고서] 낚시 가는 경우가 종종 있긴 하는데[했는데]. 그때는 강원도 홍천으로 갔다 와서는 승묵이가 너무 좋았다고 저한테 와선 자랑을 하는 거예요. "엄마 너무 좋았어. 하늘도 너무 좋고, 물고기도 그렇고 물놀이도 너무 신났다"고 너무 좋았다고 그러구요. 항상 바깥으로 나갔다가 들어올 때는 승묵이가 항상 그래요. "밖에 나갈 때는 초록색을 보니까 너무 눈도 편하고 마음도 편한데, 들어올 때는 회색을 보니까 너무 답답하다"고 하던, 항상 그렇게 이야길 해요, 여행 갈 때[여행 갔다] 올 때면은.

그렇게 했고, 승묵이 적성검사를 하면은 자기가 좋아하는 게 한쪽으로, 거진 보편적으로 사람들이 한쪽으로 치우치잖아요. 승묵이 같은 경우에 다각형으로 나와요. 다방면으로 승묵이 같은 경우 좋아했던 거 같더라구요, 적성검사를 해도. 그래서 승묵이는 "음악을 실패를 해도 네가 좋아하는, 네가 하고 싶은 걸, 요 분야 해서 너는 하면 너는 괜찮대, 승묵아". 그래서 "그럼, 엄마 집을 지을까" 막 이런 식으로도 했고.

그게 제 꿈이었다고 했잖아요. 시골에 넓은 집에, 저는 화려하고 이런 거는 원하진 않고 초라해도 아주 아담한 집, 조그만 집에서 이렇게 하는. "엄마, 조금만 기다려", 지가 작곡을 하면 돈을 떼돈으로 버는 줄 알았었나 봐요. 뭐래는 줄 알아요? "엄마, 4년만 기다리세요" 저한테 딱 그러더라구요. "엄마, 4년만 기다리세요. 엄마가 원하는 집 이쁘고 넓은 곳에다 엄마, 집 지어줄게요" 우리 승묵이가 그랬거든요. 같이 그런 약속도 지키지도 못하면서… 그렇게 [말]해줬어요, 우리 승묵이가. 그런 걸 너무 좋아했어요.

승묵이가 『국가론』이든 『군주론』이든, 어떤 친구들도 다 읽었겠지만, 제가 읽어도 솔직하게 이해가 안 되더라구요. 그 말이 그 말 같고 이게 머릿속에 안 들어오는데, 승묵이는 원본을 사달라는데 원본 구하기가 힘들더라고요, 『국가론』 같은 경우에는. 그래서 그 책도 다 읽고 『군주론』도 읽고 그러면서도, 공교육에 대해서 승묵이는 항상 싫어했거든. 비판 많이 하는 편이었어요. 그럴 경우

56

승묵 엄마 은인숙

에는 "그치, 우리나라의 교육이 그렇지? 그렇다면 네가 더 열심히 해서 니네들이 니들 거기[세대]에서 바꿔봐라. 니들이 바꿔봐라" 이런 식으로 제가 승묵이한테 이야기도 하고 했거든요. 그래서 지금으로서는 그게 되게 후회스럽더라구요.

대안학교가 있더라구요. 그 전부터 대안학교가 있다라는 걸 이야길 들었는데 주로, 뭐라 그럴까 학교에서 적응을 못 하고 이렇게 하는 아이들이 모여서 배우는 게 대안학교로 그게 이미지가 되게 부각됐거든요. 그런데 지금 같은 경우에 제가 느낀 거는 그게 아니더라구요. 적응을 못 해서가 아니라 너무 자유로운 거예요. 학교 자체 수업도 그렇고, 아이들 이야길 들어보니까. 지금 우리가 이 일 있고 나서 아이들하고 이야기도 하고 간담회도 가고 그러거든요. 아이들이 다 너무 밝아요. "왜 이렇게 너희들은 밝으니?" 그러면 수업하는 것도 자기가 하고 싶은 그 스스로 억압되어 있는 수업이 아니구요, 너무 자유로운 거예요. 그다음에 두발이든 뭐든지 자기 스스로 자기 원하는 대로 하고, 하고 싶은 걸 하고, 음악을 좋아하면 음악만 하더라구요. 억압해서 하는 게 다[다인] 공교육처럼, 국어도 하기 싫고 이것도 하기 싫은데 다 해야 되는 그 상황이 아니구요.

그걸 보고 내가 '나는 저 생각을 못 했을까. 우리 승묵이가 그렇게 공교육에 불만스러워할 때 나는 왜 거기까지 생각을 못 했을까' 라는 게[생각이] 들더라구요. '아, 저 부모님들은 현명했다'고 생각이 들더라구요. 그런 부모님들도 그걸로 인해 적응 못 해서 간 게 아니구요, 자유로움. 공교육이, 어머니들이 공교육이 싫어서 자유로움을 주기 위해서 일부러 대안학교를 보내는 부모님들이 있더라구요. '저런 부모님들은 현명한 부모였구나. 내 아이는 저런 현명하지 못한 부모를 만나서 이 일이 생겼다, 일이 생기게 했다' 그때는 진짜 힘들었어요. 그거 봤을 때는 힘들더라구요. '아, 나도 진작에 저렇게 생각을 해서, 승묵이 같은 경우에도 대안학교에서 자유롭게 자기가 하고 싶은 게 딱 정해져 있었으니까 대안학교에 가게 해줄걸' 그런 생각도 있었는데.

나중에는 아빠가 그 위로를 하더라구요. 승묵이는 워낙 친구를 좋아했기 때문에, 저 같은 경우에 그 전에, 대안학교를 생각하기도 전에 저는 검정고시를 치게 할려고 그랬어요. 그냥 집에서 자기가 하고 싶은 대로 하고요, 검정고시를 치게 하려고까지 했는데. 아빠가 그 얘길 하더라구요. "승묵이는 친구를 너무 좋아하기 때문에 혼자 있으면 걔는 힘들어 더 힘들어했을 수도 있다"고 아빠가 그 얘길 하더라구요. [그 말 듣고는] "아, 맞다. 그럴 수도 있었겠네요" [했어요].

승묵이는 친구를 너무 좋아하다 보니까는 이 단원고 같은 경우에 친구들이 간다고 하니까 지도, 뭐라 그럴까 딱 정해진 거[는 없었어요]. 저 같은 경우에도 "예고를 가라" [했는데], 승묵이가 예고는 안 가고 싶어 했어요, 그 당시에는. 예고는 안 가고 싶어 했구요. 일반 고등학교를 가서 해도 되니까, 요즘 같은 경우에는 저기[야간 자율학습] 때 마냥 늦게까지 공부하는 그런 저기[제도]가 아니잖아요. 학원 가고 싶으면 이야기해 갖고 학원도 가야 돼고 공부할 아이들은 그렇게 하고 하니까는. 그래서 일반고를 가기를 [원]하긴 하는데 "엄마, 저 같은 경우에 강서고를 [가고 싶진 않아요]" [하는 거예요].

××이는 강서를 갔으면 했는데, 친구들이 단원을 가는 아이들이 많다고 하더라구요. 거진 비슷비슷했어요. 그래서 제가 이사를 그 동네로 간 거였거든요. 강서는 ××이, 그 승묵이 때는 이제는 평준화가 된다는 얘기는 그 전부터 있어서 완전히 된다라는 거가 보장이 돼 있었기 때문에. 저는 생각을 해서 그리 이사를 갔는데 ××이는 강서를 보냈는데, 승묵이가 친구들이 다 그쪽을 간다니까 단원을 가고 싶어 하는 거예요. 그때 당시에 이제는, 제가 아까 얘기했듯이 제 스타일로 우기는 게 아니고 승묵이 하고 싶은 대로 밀어주는 편이라고 했잖아요. 그래서 '고등학교 갈 때도 제가 [원]한 학교로 조금만 고집을 피울걸' 이런 일이 있을 거라고 상상을 못 했지만 그런 염두, 뒤늦게 생각이 들더라구요. 친구들을 워낙 좋아한 상태였기 때문에 그 친구들하고 다 같이 하늘나라로 갔지만… 워낙….

면담자   승묵이가 공교육에 대해서 비판적인 생각을 얘기하던 때가 언제예요?

승묵 엄마   중학교 때 그랬어요. 그래서 더 후회스러운 게 제가 대안학교를 좀 생각을 해봤으면 했는데[좋았을 텐데] 거기까지 생각 자체를 제가 못 해봤죠. 예, 중학교 때부터 그랬어요. 그래서 승묵이가 수학 같은 경우에도 내려놓기 시작한 게, 사회에 나가면은 내가 이게 "엄마, 더하기 곱하기 나누기만 할 줄 알면 되는데 이 복잡하게 이게 뭐가 필요하냐"고 그러면서 승묵이가 조금씩 수학은 내려놓기 시작을 한 거였거든요.

그래 갖고 저는 자꾸 이야기하죠. "그게 아니다. 그래도 어느 정도 기본적인 공부에, 네가 대학교를 안 갈 바에는 그게 상관이 없지만, 네가 대학을 나중에 '가야 되겠다' [결심을 한다든지], 후회스러워서 포기[하거나] 생각이 바뀌어갖고 네가 꼭 이 대학을 가야 하는데 네 수학 때문에 점수 때문에 못 가게 되면 니 어떻게 할래?" 그래서 이제는 그런 식으로 조금씩 이끌어가면서 공부를 했던 거였었거든요. [제가] "아예 내려놓지는 마라"[고 했어요]. 승묵이 같은 경우에 학원도 안 다녔어요, 학원 자체를. 초등학교 때부터 공부 그걸로 인해서[공부를 하기 위한] 학원 자체는 안 다니고, 미술과 음악은 어떻게 해줄 수 없으니까 다녔지만.

음, 학원을 아예 [안 다녔어요], ○○이 같은 경우도 그렇구요. 거진 다 학교에서 수업한 내용에 그 점수에, 승묵이가 그렇다고 성적이 되게 좋은 것도 아니고 그랬다고[그렇다고] 나쁜 성적이 아니고, 항상 상위권에는 있었으니까. 그래서 그냥 승묵이만 믿고, "엄마 저, 제가 하고 싶은 대로 [할게요]" [하면] "그래 너 믿고 엄마가 할게. 근데 중간에 네가 스스로 하다가 안 되면 도움을 청해라" 그 정도 조언[만 했죠].

면담자   승묵이가 좋아하는 걸 빨리 알게 된 거죠? 또래에 비해서도?

승묵 엄마   네, 그렇죠. 그래서 저는 항상 마음도 편했구요. 주위 친구들 엄마들도 그렇더라구요. "어우, 너는 그래도 승묵이가 딱 그렇게 정했으니까 좋겠다. 내 아이는 고등학교 그때 가서도 정하질 못해 갖고 어떻게 해야 될지 모르겠다"라고 대부분이 그랬거든요. 그래서 "어. 언니, 나는 그래도 승묵이가 그렇게 저기[좋아]한다니까 그래도 조력만, 밀어만 주면 되니까 나는 그래도 마음이 편하네, 그래도" 그렇게 이야길 하고, 부러워했으니까 엄마들이. 네, 그랬어요.

면담자   네, 그랬을 거 같아요. 승묵이가 자기 생각도 분명하고, 친구들하고 사이도 좋고, 어릴 때부터 동네에 많이 다니고.

승묵 엄마   [승묵이가] 어렸을 때 너무 활동적인 아이였기 때문에 저는 동적인 아이인 줄 알았어요. 그랬더니 나중에 조금씩 나이가 먹으면서 겪어보니까 애가 정적이더라구요, 승묵이가. 근데, 왜냐하면 운동 같은 걸 조금씩 하긴 하는데, 제가 운동을 했지만 우리 아이들은 운동에는 영 실력이 없더라구요. 그렇다고 아예 운동신경이 없다라는 건 아닌데, 작은애도 그렇고 큰애도 그렇고 운동은 싫어했어요, 하여튼. 움직이는 거는 그다지 좋아하지 않았어요.

음악할 때만 좋아했지 운동으로 하는 거는 그렇게 좋아하진 않고, 하지만 친구들하고 저녁시간에 여름에 배드민턴, 와동체육관[에] 배드민턴장 있거든요. 거기는 가끔 친구들하고 같이 갔는데 제가 많이 걱정을 하죠. 밤늦게 다니는 걸 제가 싫어해요. 그런 걸 항상 주의는 주는데…. 제가 그쪽으로 잘 안 다녀봤다가, 요즘에서야 저녁때서 서울 '강남 지킴이' 갔다 늦게 그쪽으로 오거나 이렇게 보면은 불이 훤해서 되게 어둡지는 않더라구요. 저는 이렇게 끝에 있다 보니까 그런 게 안 좋을지 알았거든요. 그게 아니고 너무 좋았더라구요. 그런 거에만 조금 움직였지 뭐 축구를 한다거나 농구를 한다거나, 저는 아이들 요즘에 위험하니까 호신술도 태권도나 합기도 이런 거 좀 했으면 하는데 전혀 아니에요, 관심이 없어요 그런 쪽에. 아이들은 뭐 축구나 야구 중계를 해주잖아요. 그런 거에 자체도 관심이 없어요, 남자애가. 룰 같은 거나 그런 거는 그래도 빨리 알기는 하는데, 자기가 스스로 하거나 좋아하거나 그런 거는 없어요. 오로지 음악.

면담자   음반을 사서 모은다거나 공연에 가고 싶어 하거나 그런 건?

승묵 엄마   공연 같은 데는 많이 다녔어요. 중학교 3학년 때부터 해갖고 고등학교 때 많이는 못 가, 시간상. 혼자 가는 것보다 친구들하고 여럿이 같이 가다 보니까 많이는 못 갔어도. 그래도 공연장 가서 공연도 하고요.

　　승묵이 같은 경우에 음반은 사지는 않았어요. 요즘에 핸드폰으로 너무 잘돼 있잖아요. 그래서 "엄마, 요거 얼마 몇천 원인데요. 저 이거, 계속 듣게 좀 해주세요" 카드로 해갖구서는 '멜론[음원 스트리밍 서비스 채널' 그걸 깔아달라 그래서 승묵이 같은 경우에 그 걸 깔아갖고 음반을 듣고 그렇게 했거든요.

음, 그래서 음반 사서 막 듣거나 이런 건 아니고 악보집을 살려고 많이 했어요. 그래서 저희 당시에는 악보집이 되게 많았었거든요. 근데 요즘에는 찾기가 힘들더라구요. 승묵이가 한참 사달라고 할 때는요, 많이 보편화 안 됐다가 요즘에서야 좀 많이 보이더라구요, 그게. 아이들이 요즘 한참 뭐 케이팝 이런 게 많이 있어서 그런지, 그런 게 이제서야 조금씩 보이더라구요. 그래서 이런 게 진작 조금만 더 나왔으면 사주고 싶었는데 사지를 못해 갖고. 그래서 "선생님한테 이야기해서 승묵아, 빼달라고 해. 복사해서 달라 그래" 이런 식으로밖에 못 했거든요. "그래" 그렇게 했어요.

면담자　승묵이가 특별히 좋아하던 밴드 얘기한 적 있었어요?

승묵 엄마　승묵이가 이야기는 되게 많이 했어요. 윤도현밴드도 좋고, 우리나라에서. 윤도현밴드예요? 시나위? 윤도현밴드는 아니죠? 별개였죠? 어, 뭐 그런 식으로 해서. 김태원인가 그분 하는 거도 너무 좋아했고. 승묵이가 장르 딱 하나만 고집해서 좋아하질 않구요, 장르별로 다 좋아했어요. 이야길 하면은 외국에 있는 것도 이야길 하는데, 그 당시에는 제 몸이 고달파서 말 그대로 변명일 수도 있지만 귀담아듣지를 않았어요. 이야기는 듣되 제가 그거를 기억하고서는, 기억을 엄마들이 하면서 있었어야 되는데, 그러지를 않고 제가 한 귀로 듣고 흘려버린 적이 되게 많았던 거 같아요.

그니까 워낙 피로가 많이 쌓이다 보니까 제가 힘드니까는 많이 그랬던, 그런 게 아쉽더라구요, 그게 진짜 많이. '나는 나름대로 승묵이하고도 이야기를 되게 많이 했던 거 같은데. 아, 내가 정작 승묵이가 좋아했다고 하는 거를 기억하는 게 몇 가지 안 되는구나'라고 생각이 들더라구요.

12
간담회

면담자　어머니 평소에 사회문제나 정치 이런 데도 관심을 두고 계셨어요?

승묵 엄마　평상시에는 말 그대로 다른 분들과 똑같았어요. 텔레비전, 저는 말 그대로 예전에 어른들이 "텔레비전, 바보상자를 보고 있냐?" 이랬듯이 그 말이 이제 실감이 되는 거예요. 제가 일을 겪기 전에는 "아, 그래. 얘들아, 뉴스, 경제 저기 해서[챙겨서] 꼭 봐야 해" 이런 식으로 이야기를 했는데. 그래서 뭐 뉴스, 경제적인 거. 뉴스로 하는 거에만 조금 보고, 사고 나는 것도 '안쓰럽다, 안타깝다' 이렇게 하고 제가 직접 발로 뛰지는 못하고 성금 같은 거 그런 거로는 해주기는 했어도 제가 발 벗고 나서진 못했거든요. 그런 쪽으로는 그래도 뭐라 그럴까, 깊이는 아니더라도 기본적인 국민들이 가지고 있는 그런 거 정도밖에 안 되었죠.

이제 이 일 있고 나서부터, 제가 말 그대로 1년 가까이 저는 활동을 못 했어요. 올 [2015]년도 초 2월, 3월부터 제가 공방에 나오기 시작을 하면서부터 활동을 했거든요. 그래서 그 전에는 뭔 말을 해도 들어오지 않았으니까요. 아까도 이야기했듯이, 지금도 인지하기가 조금 힘들다고 얘기했듯이, 상대방이 이야길 했으면 그거를 기억을 했다가 다시 이야기를 해줘야 되는데 여기[머리]에 남아 있질 않는 거예요. 듣기를 해도 남아 있지 않으니까 이야기를 해주기가 이제는 버거운 거죠. 지금, 현재 지금도 그래요. 그게 좀 좋아지긴 했지만 그래도 지금도 아직까지 힘들어요.

그래서 간담회 간다거나 하면 더 많은 지식, 내가 많이 알려고 했고 많이 알아서 가서 이야기를 해주려고 해도 그게 남아 있지 않은, 더 깊은 이야기를 알면서도 해줘야 하는데 그게 안 나와요. 예, 생각 자체가 안 나는 거예요. 그래서 요즘에는 이제는 '아, 안 되겠다 내가. 그게 안 되겠다 내가. 그냥 글로 써서 갖고 가서 보면서 이야길 해야 되겠다' 지금은 그렇게 생각을 하고 있죠. 그래서 '글로 써서 가지고 다니면서 노트로 그때그때 이야기를 해줘야겠다'라고 생각을 하고 있어요.

면담자   간담회는 주로 어디로 가세요? 학생들 있는 데로 가세요?

승묵 엄마   학생이면 학생한테 가구요, 어른들도 그냥 다 가요. 무조건 다 초청해 주는 대로 다 거진 가다시피 하죠. 저 같은 경우에는 어느 정도 한정돼 있으니까 멀리는 못 가구요. 아직까지 몇 시간씩 [차를] 타고서 가는 거는 불안해하거든요. 제가 진도 갈 때 버스 안에서 그, 아이를 만나러 가는 동안에 그게 너무 길었거든요, 너무 힘들었고. 그래서 멀리 몇 시간씩 가는 거는 못 타구요. 그래도 짧게 한두 시간 거리상은[거리는] 요즘에는 많이 좋아져서 노원이나 일산 이런 데까지는 갔다 오니까. 고런 데, 풀뿌리 모임에서들 많이 초청을 해주서요. 그래서 그런 데로 가고.

면담자   대안학교 간담회에도 다녀오셨어요?

승묵 엄마   네. 그렇게 해서 미리 그전 엄마들[이랑] 연계해 갖고. 제가 간 날은 대안학교 아이들이, 전국에 있는 아이들이 모여 갖구서는요 공연 같은 걸 했어요, 대전에서요. 거기를 갔다 오면서 그 아이들 공연도 하고, 이야기를 들어보고 하는 거를 저는 그때서야 처음 봤죠. 처음부터 활동했던 엄마들은 그전부터 산청이든, 금산이든 이렇게 다니면서, 대안학교 다니면서 많이들 접하셨는데, 저는 그때 [아이들을] 처음 접한 거였거든요. 그래서 너무 좋더라구요. 아이들이 진짜 밝았어요. 억지로 막 이렇게 하는 게 아니라 스스로 가갖고, 이렇게 시키면은 연습했어도 할려면 서먹서먹하고 막 그러잖아요. 근데 그 아이들은 그게 아니구요, 당당하고요 너무 밝더라구요. 음, 막 더 하고 싶어 [하는] 그런 아이들이 너무 많더라구요. 그런 거 보고 너무 후회스러웠죠.

13
수학여행

면담자　　　그… 오늘 수학여행 준비 정도까지 여쭤보려고 하는데요. 수학여행 그 즈음에 학교에서 특별한 일이 있거나 하지는 않았어요?

승목 엄마　　　그런 건 없었어요. 학기 초였기 때문에 그런 일은 없었고, 제가 학교에 그런 거는 해줬어요. 제가 최대한으로 해줄 수 있는 뭐 시험 감독관이나, 뭐 반 부대표를 하거나 이런 거 같은 경우에 제가 해줬어요. 그래서 뭐 체육회 같은 거 할 때 행사 같은 거 있으면은, 가서 아빠한테 이야길 해서 시간 조절을 해서 제가 참여할 수 있게끔 그런 걸로 인제 했어서. 저희 반 같은 경우에 경빈이 엄마가 반 대표여서, 이제는 부모님들이 하루 연수 가서 다른 학교 부모님들하고 만나갖고 이야기도 하고 하는 그런 게 있었어요. 그게 3월 말쯤이었거든요. 그래서 경빈 엄마가 이제는 일을 하시는데, 초하고 말일은 시간 빼기 힘들다고, 제가 부대표였기 때문에 저한테 부탁을 하더라구요. 저 같은 경우에 아빠하고 이야길 해서 조율을 해야 되는 상황이었기 때문에 그런 걸로 엄마끼리 통화를 한다거나 그런 거 정도였었어요. 학기 초였기 때문에. 그런 거나 조금 했었고.

　　그다음에는 제가, 뭐라 그럴까 이런 사고의 언질을 준 거라고밖에 생각이 안 드는데, 제가요 그 이런 사고가 나기 전부터 몇 개월 전부터 되게 불안했어요. 엄청 불안, 마음이 되게 이상하게 불안하더라구요. 승묵이가 중간에, 그런 애가 아닌데 따로 잤는데, 갑자기 자다 보면 와 있는 거예요. 그래서 "승묵아, 너 왜 이불도 안 깔고 여기서 이렇게 자니? 추운데", "엄마, 무서운 꿈 꿔서" 이렇게 무서운 꿈 꿔서 제 옆으로 온 게 세 번 있었어요. 근데, 그게 무서운 꿈이 지금 후회스러운 게 그 무서운 꿈이 뭐였을까라고 물어봐야 되는데, 아침 일찍 제가 가게 문을 열러 가야 되는, 아이들을 다 깨워놓은 상태에서 저는 열러 가야 되니까 물어볼 시간이 없었어요. 그게 좀 아쉽더라구요.

저녁에 가서 생각이 나서 물어보면 되는데 그렇지가 않았고, 저도 불안해 갖고. 승묵이한테 그게 있었어요. 진짜로 제가 생각드는 대로 승묵이한테 이야기했어요. "승묵아, 이렇게 저녁에 늦게 다니지 마" 승묵이가 저녁에 늦게 다니지는 않는데, 교회 가서 연습을 하는 게 아이들 학교 수업을 끝나고 가서 하거든요. 그니까는 [학교에서] 10시에 와서 [교회로 연습하러] 가서, 어떨 때는 바쁠 때는 못 만날 때는 고때 잠깐 가갖고 하고 올 때가 있어요. 1시간이라도 해야지만이 된다고 해서 가는 날이 있고. "주말 같은 경우에 낮에 가서 하지" 그래서[그러면] "엄마, 낮에는 예배 땜에 안 되구요. 시간[이] 오후 시간밖에 안 돼요" 그러는데, 그게 뭐 그렇다고 딱 정해서 애들이 들어오는 게 아니고 한번 나가면 친구들 만나면 놀아야 되잖아요. 그러다 보니까 조금 늦은 시간에 제가 항상 불안해서 전화를 해요. "승묵아, 들어와야지", "네, 엄마 금방 들어가요" 이런 식으로.

승묵이가 하루는 조금 늦은 날이 있었어요. 10시, 11시쯤에 들어온 적이 있었는데, 그때 연습하고 들어오는데 이야기했어요. "엄마가 요즘에 진짜 불안하다. 근데, 엄마가 이 불안한 마음이 네가, 누가 와서 칼로 찔러서 널 죽이는 그런 불안감이야. 그게 자꾸 들어와. 그런 게 자꾸 느껴져" 승묵이한테 그렇게 이야길 했어요. 그랬더니 "엄마는 뭔 그런 걱정을 하냐"고, "엄마, 안 그래. 너무 엄마가 걱정해서 그러니까, 그러지 마" 그렇게 이야기를 했었어요. 뒤늦게 이런 사고 나고 난 다음부터는, '그게 조심시키라는 그거였었나' [싶은 거예요], 제가요.

꿈 자체를 꾸긴, 꾸기는 하겠죠. 근데 생각이 하나도 안 나요. 그래서 두 아이들을 임신을 하고 있어도 엄마들이 태몽 꿈을 많이 꿨다고 이야길 하잖아요. 저는 태몽 꿈이 없어요, 아이들을. 그래서 주위에서 꿔주셨어요. 시어머니하고 친정집에서 꿔주셨거든요. 저 같은 경우에는 두 아이의 태몽 꿈이 없어요. 그 정도구요. 꿈을 잘 안 꾸고 그랬는데, 그 당시에는 되게 불안한 감을 저한테 주더라구요. 그런 마음이 있었어요. 그래서 승묵이한테 그렇게까지 이야기했어요. "칼로 찔러…" 이런 거까지 웬만하면 피하고 싶었는데 그때는 마음이 어, 그거까지 이야기하게끔 그렇게 제가 불안하더라구요, 네. 그래서 나중에 여러 사람한테 이야길 하긴 했는데 나는 그렇게 불안했다고 그 이야기를 한 적이 있죠.

면담자   수학여행 때 승묵이가 공연을 준비하거나 그런 거는 없었어요?

승묵 엄마   승묵이가요, 그렇게 막 나서는 거를 별로 안 좋아해요. 저는 중학교 때도요, 밴드 했으니까는 "너는 왜 안 해?", "엄마 귀찮아", 귀찮아서 안 한대요. 그때 수학여행 갈 때 이야기도, 저는 배 타고 가는지 몰랐어요, 솔직하게요. 그게 1학년 때 조사를 했어요, 수학여행 가는 거를요. 1학년 때 조사를 했으니까, 시간에 [여유가 없이] 저도 워낙 바쁘고 하다 보니까 제가 꼼꼼히 읽어보지는 않고 '아, 그래 그렇게 결정해서 가는구나' 이렇게 하고, 그 당시에는 비행기 타고 가는 줄 알았거든요. 배는 아니었구요.

그런데 생각해 보니까 비행기는 아니었고, 배가 세월호가 아니고 그게 뭐였죠? 오하마나[오하마나호] 그걸 타고 간다고 그랬었어요. 그거를 체크해 갖고 줬던 거 같아요. 그래서 전날까지도 다른 아이들은 수학여행 간다고 옷도 사러가고 막 이러는데 우리 승묵이는 그게 없었어요. 그런 게 없었고, 그날도 제가 승묵이 딱 수학여행 가기 전 일요일 날도 조금 화가 나갖고 승묵이 얼굴을 안 본 적이 있거든요.

그날도 승묵이가 피자를 되게 좋아하는데 승묵이가 알러지가 있어요, 피자만 먹으면. 그래서 될 수 있으면 제가 억제를 시키거든요. 근데, 며칠 전부터 엄청 먹고 싶다고 몇 번을 얘기를 했는데 안 되겠다 싶어 갖고 제가 이제 세 판을 사가지고 왔어요. '먹고 남으면 냉동실에 얼렸다 녹여 와서 먹어라. 두드러기 심하면 너무 많이 먹지는 말고', 그렇게 하려고 왔는데, 그날따라 승묵이가 늦게 들어오는 거예요. 친구들하고 공연 연습하고 그러고 들어오면서 조금 수학여행 이야기도 할 겸 해갖구서, 그 당시에 승묵이가 연화라는 친구가 있었어요. 연화하고 그 밴드 하는 아이들, 중학교 때부터 다 친구였으니까, 그 몇 명이서 A라는 아이하고 해갖고 몇 명이서 이렇게 같이들 있었나 보더라구요. 그래서 들어와 갖고 제가 너무 화가 나갖고 승묵이 얼굴도 안 보고 "피자 먹어" 이러고서는 보지도 않았어요. 그다음 날은 이렇게 하고 나서 정리를 하고, 승묵이가 아무 소리도 안 하고 덥히지도 않고 한두 조각 먹고 들어갔더라구요. 미안해 갖고 정리하고 아침에 제가 가게 문을 열어야 했기 때문에, 아빠 지방 같은 데 가면 되게 일찍 나가시거든요. 그래서 가게 문을 제가 거진 열다시피 했기 때문에 나가고 그래서 승묵이하고 이야기를 못 했어요.

그렇게 하다가 이제는 짐을 챙겨야 되는데 그 전날도, 얘네들이 화요일 날 갔으니까. 화요일 날 수학여행 가니까 그 전날 월요일 날, 짐을 챙겨야 하는데 승묵이가 짐을 안 챙기는 거예요. 그래서 제가 이제는 몇 개, 승묵이도 워낙 옷 사달라는 이야기를 안 해서 옷이 그다지 많지는 않았어요. 여행 가서 입을 거, 제가 바지랑은 다 있었으니까 티만 두 개 해갖고 짐을 챙겨줬어요. 지가 챙겼어야 되는데. 그 짐 챙겨놓고 그대로 [가져간 거죠].

"승묵이, 수학여행 가는데" 대표 엄마가 "가서 아이들 인사 안 하고 올래, 배웅 안 할래요?" 그랬는데 제가 슈퍼라서 시간을 못 내니까 "다녀오세요" 그러고만 말았었거든요. 그날 저녁에 수학여행 떠나는 걸 보고 잘 다녀오라고 문자만 줬죠. 집에 와서 보니까 승묵이가 집에 들러서, 집하고 그리 멀진 않았으니까, 와이셔츠에다 넥타이까지만 입고 조끼랑 재킷은 벗어놓고 갔더라구요, 집에서. 다른 외투만 걸치고 그러고 갔더라구요. 그래서 '아이고, 이러고 집에 들러서 갔구나' 그거는 알았지(한숨).

그 전까지는 '승묵이가 그렇게 해서 갔구나' 이렇게 [생각]했는데 연락이 없더라구요. 궁금해서 전화를 하니까 승묵이가 그래. "엄마, 엄마!", "왜?", "우리 수학여행 못 갈 수도 있어", "왜?", "안개가 엄청 껴서 엄마, 안 간대. 그래서 도로 학교로 가야 된대" 짜증난 목소리로 이렇게 막 나온 거였어요.

면담자 그때 인천에서 전화한 거였죠?

승묵 엄마 네, 인천에서, 밥 먹기 전에. "엄마, 밥 먹고 나서 선생님들이 결정을 하신대" 그러더라구요. "그래, 어떻게 되는지 확실하게 밥 먹고 나면 엄마한테 전화를 줘" 그랬는데 전화가 없는 거예요. 그래 갖구서는 그전에는 위로를 했죠. 못 간다고 승묵이 짜증이 나 있으니까. "너는 제주도 몇 번 갔다 오고 했으니까, 또 여행도 외국도 많이 나갔다 오고 여행 많이 했으니까는 또 다음에 갈 저기를 해서 돌아왔으면 좋겠다" 엄마는 그랬어요. 저는 "돌아왔으면 좋겠다" 그랬는데 "엄마, 밥 먹으러 간다고 선생님이 빨리 오래" 그러면서 "그래, 밥 먹고 상황 보고 엄마한테 전화해라" [했는데] 9시가 넘었는데도 전화가 없어요. 이제는 저도 집안일, 그때 승묵이하고 통화하고 치우고 하느라고 그 당시에는 전화를 못 했고 너무 전화가 안 오니까 전화를 해봤죠.

"승묵아, 오는 중이니? 어떻게 된 거니?" 했더니 [제주도로] 가는 중이라는 거예요, 배를 타고. 그래서 저는 '안개가 꼈어도 운항이 괜찮을 정도니까 선생님들 다 선생님들이 있었으니까 판단하에 가는 거구나' 저희는 그렇게밖에 생각을 할 수가 없잖아요. '그분들이 다 배 운전하시는 분들이, 그분들이 완전 못 갈 정도면 안 갔을 것이고 어느 정도 갈 정도 그쳤나 보다, 가나 보다'라고 그래서 "승묵아 그러면 재미있게 잘 놀다 오라고 많은 추억 쌓고, 그리고 와" 그러고서 끊고서는, 수요일 날 같은 경우에는 ○○이가 학교에서 수련회를 가는, 그래서 똑같이 승묵이랑 같은 금요일 날 오는 일정이 었어요. 승묵이는 화요일 날 가고, ○○이는 수요일[에] 가고 금요일 날 오니까…, 아빠가 슈퍼 하니까 너무 못 나가서 바람도 못 쐬었으니까, 그 당시에 이종사촌 동생이랑 저희 바로 위의 언니하고 바람 쐬러 갈 계획으로 그렇게[약속] 잡아서 [가기로 했었어요]. ○○이 주먹밥 챙겨서 학교 보내놓고 제가 천안으로 해서 금산[에] 가기로 해갖고 내려가는 중에 전화들이 막 오는 거예요. 여기저기 전화가 와서 휴게소에다 차를 세워놓고 전화를 받는데 그 소식을 들은 거였죠, 이제. 그 소식 듣고, 옥산, 옥산이었나 보다. 옥천? 옥천이었나? 대전 가기 전에 충주, 청주 가기 전에 거기서 돌려서 그렇게 와서 진도로 가게 된 거였죠.

면담자   안산 학교로 다시 오셨다가 학교에서 버스 타고 진

73
·
1회차

도로 가신 거죠?

승묵 엄마   그래서 어 막, 전화를 승묵이하고, 그 소식[을] 듣고 전화를 하니까 전화가 안 되는 거예요. 그래서 아빠한테 전화를 했죠. "아빠, 이러이러하는데 봤어?", "어, 승묵이하고 통화했어" 그러더라구요, 아빠는. "근데 왜 저한테 얘길 안 했어요?" 아빠도 그때 당시에는 심각성을 이제는 못 느끼셨던 거예요. 승묵이하고 통화는 했어도 되게 심각성을 못 저기 한[느낀] 거였죠. 그래 갖고 승묵이하고 통화를 했는데 구명조끼도 입고 해경이 와서 시끄러운 소리는 들었나 보더라구요. 그래서 해경이 와갖고 지금 있고, 아이들이 해경이 왔으니까, 아이들[이] 기다리고 있다고 나갈 준비하고 있다고 그렇게 이야길 들었다고 하더라구요. 그래서 아빠는 이제 "그러면 해경 배에 옮겨 타고 그렇게 하고 나면 전화를 줘라", 아빠는 그렇게 이야길 한 거예요. 그래서 승묵이가 그 얘길 했대는 거야. "아빠, 어, 아빠, 배가 이렇게 해갖고 가라앉고 있는데 딱, 우리 쪽 있는 데야" 그러면서 "바다밖에 안 보여" 이런 식으로 이야기를 했다고 하더라구요. 해경도 오고 구명조끼 입고 있으니까 아빠 같은 경우에 그렇게 말을 "야, 빨리 나와!" 이 소리보다도 "어, 차근차근히" [하라고 한 거예요]. 그때 당시에는 막 우왕좌왕하면 더 그 좁은 공간에서, 나오는 공간도 좁은데 그러니까 아빠 같은 경우에는 "선생님 말씀 잘 듣고 차근차근 이제는 찬찬히 마음 너무 조급하게 하지 말고 선생님 말씀을 잘 따라서 나와라" 그러고서는 아빠는 그렇게 끊은 거였거든요.

아빠는 그게 후회스러웠던 거지. 빨리, 어떤 부모 같은 경우에는 빨리 나와라 했는데, 그 아이는 친구들 있다고 친구들 구하러 들어간 친구들도 있지만, 어떤 아이들은 그 소릴 듣고 나온 아이들도 있다고 얘긴 하더라구요, 생존자 중에서도. 아빠는 그게 제일 후회스러운 말이 됐던 거죠.

면담자   오늘 말씀을 이 정도로 듣고요. 다음에 며칠 있다가 저하고 다시 오늘 얘기부터 들려주시는 거 괜찮으시겠어요?

승묵 엄마   그 전까지는 제가 진도 내려가서 3일까지 조금 있다가 그 이후로는 제가 병원[에] 입원해 있어[서] 전 상황을 잘 몰라요. 그쪽에 있는 상황을.

면담자   어머니 기억하시고 경험하신 거 오늘처럼 말씀해 주시면 되니까요. 말씀을 너무 잘해주셨어요.

승묵 엄마   어, 그런 거였어요?

면담자   잘해주셔서. 다음에도 어머니 편안하게 얘기 들려주시면 좋겠습니다.

승묵 엄마   네. 고맙습니다.

면담자   네. 오늘 구술은 여기서 마치도록 하겠습니다.

2회차

2015년 11월 20일

1 시작 인사말

2 사고 소식과 진도 이동 과정

3 진도 팽목항 도착과 병원 입원

4 장례

5 4·16 이후 안산 생활, 활동 시작

6 사고 당일 진도에 가는 과정

7 진도체육관, 병원

1
시작 인사말

면담자   본 구술증언은 4·16 사건에 대한 참여자들의 경험과 기억을 기록으로 남김으로써 이후 진상 규명 및 역사 기술에 기여하고자 합니다. 지금부터 은인숙 씨의 증언을 시작하겠습니다. 오늘은 2015년 11월 20일이며, 장소는 안산시 단원구 글로벌다문화센터입니다. 면담자와 촬영자는 김아람입니다.

2
사고 소식과 진도 이동 과정

면담자   어머니, 오늘은 이제 사고 나고 진도와 팽목에 가셨던 그때 얘기 주로 많이 여쭤보려 하거든요.

승묵 엄마   아, 네. 제가 생각나는 게 없을 거예요, 거진. 제가 거진 병원에 있다시피 해갖고, 거진. 그래서 네, 그래서 제가 기억나는 대로만.

면담자   네, 네.

승묵 엄마   기억나는 게 하나도 없는데… 음.

면담자   처음에 전화받으셨을 때는 안산 안 계시고 어디 계셨어요?

승묵 엄마   네, 네. 승묵이가 수학여행을 화요일 날에서 금요일 날 오는 거였구요. ○○이가 학교에서 가는 어… 어, 그게 뭐였더라, 1학년들 가는 그런 저기[수련회가] 있어요, 3박, 거기 같은 경우에 3박 4일이었나? ○○이 같은 경우에 수요일 날 갔다 금요일 오는 그런 프로그램이 있었거든요.

면담자   ○○이는 학교가 어디예요?

승묵 엄마   와동중학교예요. 집이 그쪽으로 이사 가서 그쪽이 가깝다고 하더라구요. 한 몇 미터, 20미터 가깝다고 하더라구요, 다른 중학교보다. 그리 가게 됐어요. ○○이 같은 경우에는 음… 그 당시에는 그렇게 할 수밖에 없었고. 음, 어차피 절차가 그랬으니까, 그래 갖고 와동중학교 [○○이가 2박 3일] 가는 그런 게 있어 갖고 [집에] 아이들이 없잖아요. 슈퍼를 계속 보고 있다가, 휴가 때도 제가 슈퍼를 보고 아이들하고 아빠하고 부모님 모시고서는 휴가 갔다 오고 그런 거였거든요. 그니까는 많이 못 하니까. 그 당시에 작은 언니도 쉬고, 이종사촌 동생도 그쪽에 있는데 좀 쉬니까 "언니, 바람 좀 쐬자" 그래 갖고 금산 쪽으로 바람을 쐬러 갈려고 가던 중이었었어요. 승묵 아빠도 "기회가… 애들도 없고, 신경 안 쓰니까 갔다 와, 하루 갔다 와" 그래서 가는 중이었었거든요.

면담자   아버님 같이 안 가시고? 어머님만?

승묵 엄마   네. 아빠는 슈퍼를 보고, 가게를 비울 수가 없으니까 봐줄 사람이 없으니까, 아빠가 그날은 일 하루 쉬고 슈퍼 보고. 그

렇게 하고. ○○이 아, 수련회구나. 수련회 가는 거, ○○이가 주
먹밥, "엄마가 싸주는 주먹밥 해주세요" 그래서 주먹밥을 만들어,
아침에 분주해 갖고 승묵이하고 그날 아침에 통화를 못 했어요. 그
래서 ○○이 다 보내놓고 그러고 시간 남으면 전화를 해야 되겠다
그랬는데. ○○이 싸서 보내고 하다 보니까, 언니하고 동생은 천안
이니까 제 친정이 천안이거든요. 그래서 그쪽에서 만나기로 해갖
고 안산에서 차를 갖고 가는데 시간이 되게 빠듯하더라구요. 그래
갖고 승묵이하고 전화할 시간이 없었어요, 아침에.

　그렇게 하구선 천안에서 언니랑 동생이[을] 만나 갖구, 한 옥천
까지 갔을 거예요. 옥천 정도, 옥천 못 갔는데 막 전화가 오더라구
요, 저희 큰 올케 언니한테. 운전 중이라 못 받고 휴게소 들어가서
여러 엄마들이 막 전화 오고, 제일 처음에는 큰 올케 언니하고 통
화를 해서 옥천휴게소에서 쉬어서 통화를 하는데 그 이야길 하더
라구요. "고모, 고모", "왜요?" 그랬더니, "승묵이 혹시 수학여행 갔
어요?" 이래요. "예, 갔는데" [하니까, 고모가], "어떻게, 어떻게" 하는
거예요]. [그래서 제가] "왜?" [하니까], "어. 단원고 학생 아이들 탄 배
가 지금 진도에 침몰했대" 그래서 그게 뭔 소리냐고 정신이 하나도
없었죠. 그래서 전화를 바로 끊고 승묵이한테 전화를 하니까 안 받
더라구요. 그래서 혹시나 싶어서 아빠한테 전화를 했어요.

　그랬더니 아빠가 "어, 그걸 또 어떻게 알았어. 승묵이하고 통화
를 했어" 아빠가 그러더라구요. 심각하게 아빠도 생각을 안 하고,
"어, 통화를 했어. 승묵이하고 통화를 했는데, 승묵이가 구명조끼

입고 해경이 왔대, 바깥에". 그때가 9시 28분 정도, 통화를 했다고 하더라구요. 그래서 구명조끼 입고 지금 해경이 밖에 와 있다고, 아까부터 와 있는데 지금 기다리라고 해서 기다리고 있다고, 그래서 어, 승묵이가 그렇게 차근차근 이야기하고 처음에는 "아빠, 아빠, 아빠, 우리 배가 기울어졌는데 우리 방 쪽에서는 바다만 보여 이제". 이런 식으로 이야길 했대요. 그게 어느 정도인지는 모르겠[지만], 바다[만 보인다고] 그래서 "침착", 아빠는 그 상황에서 되게 다급한 상황이면 "나와" 이랬을 텐데 그게 아니고 '다 구명조끼 입고 이제는 해경이 와서 선생님 말 듣고 기다리는 중이라니까 나오겠지' 그래서 아빠도 "차근차근 선생님 말씀 듣고. 너무 우왕좌왕하고 막 니네들이 그러면 그 좁은 길에 나오는 게 힘드니까, 선생님 말씀 잘 듣고 대피해서 해경 저기 배 타고 나오면 아빠한테 전화해라" 이게 이제 마지막이었대요. 그래서 어, 그랬다고 해서 그렇게 했다고 하길래 저도 마음이 좀 놓인 상태에서, 그 자리에서는 놀러 갈 기분도 아니죠. 어떻게 운전을 하고 왔는지도 모르겠어요.

옥천에서 차를 돌려갖고 안산으로 오면서, 어 이제 저는 운전을 하고 언니랑 동생은 인터넷 뉴스를 접하면서 계속 오는데 중간에 오면서 그러더라구요. "언니, 언니, 아이들 다 구조됐대. 아이들 다 구조됐대, 언니야. 한 사람도 빠짐없이 다 구조가 됐대" 그[래서] 이제는 조금, 그래도 그 마음에 운전을 하고 오는데 계속 언니랑 동생이 그걸 접하면서 오는데. 저한테는 이야길 안 하더라구요. 언니하고 둘이만 이야기하고. 이제 그렇게 해갖구서는 톨게이트를

승묵 엄마 은인숙

신갈에서 빠져나와야 되는데, 제가 무슨[얼마나 정신없는] 상황인지 그쪽을 넘어서 저 판교 쪽으로 해갖고 그리 빠져나왔어요. 그렇게 해갖구서는 안산에 12시 좀 넘어서 도착을 했죠.

근데 갔더니 아빠가 학교로 오라고, 지금 부모님들 버스로 해 갖고 진도로 간다고 아이들 옷 젖었으니까 옷, 갈아입을 옷 준비해서 오라고 했다고. 아빠도 이제는 동생, 시동생한테 연락을 해서 오라 그래서 가게 다 맡기고 아빠도 슬리퍼 차림에 그냥 무조건 택시 타고 학교로 온 거예요. 그래서 거기서 만나갖고 언니들이랑 이제 헤어지고 이제 저랑 신랑은 진도 내려오는 버스를 타고 그렇게 왔죠. 그래서 아빠랑도 [같이].

(잠시 중단)

어, 그래서 가면서도 '별일 없겠지. 아무 일 없겠지' 이제는 옷을 안 갖고 왔으니까 집에 들릴 시간이 없어서 "옷이 없으니까 가서 사 입히자. 사서 입혀서래도 오자" 그렇게 하고 가는데(한숨) 차가 빨리 갔으면 좋겠는데, 차 다섯 대가 한꺼번에 가는데 [다른 부모들과] 같이 간다고 중간중간 기다리더라구요. 그래서 예술의전당 거기 가서 차들이 다 모일 때까지 기다렸다가 그런 식으로 갔어요. 중간에 막 부모님들, 연락되는 부모님들은 "어떻게 됐니? 승묵아, 가는 길이니?", "가는 길, 버스 타고 가요", "그래 우리는 차를 갖고 간다". 그때 오천이하고 승묵이하고 1학년 때, 중학교 때도 같은 반이 됐고 같은 [고등]학교를 다녔는데도 같은 반이 돼서 1학년 때 [오천이] 엄마하고 학부모, 저기[학부모회] 들어가서 같이 활동을 했어요.

(잠시 중단)

아예 [눈물이] 말라서 이제는. 어디까지 얘기했더라. 그렇게 해 갖고 타고 가서 중간중간에도 전화가 오는 거예요. 가면서 "가는 중이다"부터 "도착하는 사람끼리 서로 연락을 하자" 그렇게 하고 가는데, 학교에 있는 엄마들까지 이제 전화가 오는 거예요. 이제는 중간중간에 가면서 그런 소리 들렸거든요. "전원 구조가 다 됐다고 하는데, 그게 아니고 몇 반까지는 구조가 다 됐대요" 뒤에서 아버님이 "4반은 다 구조가 됐다는데요" 막 이런 소리가 들리고. 옆에 내려가면서 옆에 있는 엄마들은 구조됐던, 구조해서 나왔던 아이들인가 봐요. 그런 상황은 몰랐고, 나와서 다 구조가 된 아이들이니까 누가 구조는 안 됐고, 누구는 됐고 이런 소릴 못 들었으니깐요. 아이들하고 통화가 되는 거예요. 그래서 막 울더라구요.

울기도 하고 가면서 인터넷도 보는데 인터넷을 저희는 못 보겠더라구요. 아빠하고 그냥 둘이 손 꼭 잡고서는 가고, 기사님한테 텔레비전 좀 틀어달라니까 텔레비전이 고장 났다는 이유로 안 보여주더라구요. 근데 이제 그게 일부러 안 보여주신 거 같더라구요. 학교 관계자였는지 시의 공무원 관계자인지 모르겠는데 같이들 내려가셨거든요. 중간중간에 누구 어머니, 누구 어머니 막 부르면서 중간에 이야기를 하고 하는데 불안감이 있죠, 안 좋은 예감이 자꾸 드는…. 주위 상황이 막 그렇다 보니까 안 좋은 예감 같은 게 이제는 스치더라구요.

그래서 학교에서 이제 또 온 엄마가 "승묵아, 어때? 야, 구조 명단에 승묵이가 없어" 이 소리가 들리는[데] "그게 뭔 소리야?", "그게 아니야, 지금 구조가 안 됐대. 구조가 다 안 되고 구조된 아이들은 명단에 올라왔다"고 그러더라구요. "거기에 승묵이가 없어" 그러는 데 착 가라앉는 거예요. 나는 그 말을 듣고도 '아니다, 아니다, 아닐 거다'라고 그렇게 [생각]하고 갔죠. 친구들, 식구들 전화 오는데 "별일 없을 거다, 지금 내려가는 중"이라고 그렇게 해서 도착을 했어요.

3
진도 팽목항 도착과 병원 입원

승묵 엄마　　진도체육관에 도착을 했는데, 벌써 자기들은 무슨 저기가[상황을 예상하고] 있는지 체육관 안에 들어갔는데 은박지를 다 깔아놨더라구요. 그 위에 학생이 있었는데 나는 체육관에 아이들이 다 있는 줄 알았어요. 무조건 들어가서 승묵이를 찾으니까 아무 소리가, 아무 소리를 안 해요. 사람들은 다 있고 벌써 책상을 깔아놓고 책상 펼쳐서 업무를 보듯이 그렇게 하고 있더라구요. 그때, 상황은 모르겠[고] 승묵이[가] 그니까 명단에 있대요. 가서 찾아보라는 거예요. 명단에 찾았는데 승묵이가 없는 거예요. 저게 다 구조 명단이라는 거예요(한숨).

승묵이 이름을 부르면서 외치다가 저는 그냥 쓰러졌던 거 같아요. 이렇게 있다가 기억이 없고, 어 나중에는 의료장비가 왔는지 어… 음…거기에서 누워 있으라 그래서 저 같은 경우는 누우면서 거기서 링겔[링거]을 맞기 시작했어요, 안정제를 맞았죠. 그랬더니 제가 [전부터] 혈압약을 먹었어요. 혈압약 가져갈 새가 없었어요. 갔다가 올 거니까. 혈압치수가 계속 올라가니까 계속 안정을 찾아 [찾도록] 링겔을 맞고 부모님들이 와갖고 서로 이제는 은박지 깔아 놨으니까 자리를 잡았겠죠. 부모님들끼리 그랬던 거 같아요. 그래서 조금 정신이 나면 일어나 앉아서 부모님들끼리 또 부모님들끼리 거기 관계자분들하고 언성 높여 소리 나고, 소리 지르고 아이들 찾고 우는 소리에 그런 저기가[일이] 엄청 많았거든요.

그런 상황에(한숨) 그렇게 하고 거기에서 진도에서 이틀인가 삼일인가 있었던 거 같아요. 그래서 식구들[은] 다 올라오고 저 같은 경우[에는] 계속 누워 있고 그랬고, 이틀인가 삼 일째는 커다란 모니터를 앞에다가 설치를 하더라구요. 그렇게 하고 대통령이 언제 왔다 갔는지 모르겠지만 그날 왔다 가는 거까지 제가 봤던 거 같아요. 어렴풋이 본 거 같아요. 와서 이야기하고, 무슨 말을 했는지 저는 기억이 하나도 안 나요. 왔다 간 것만 기억이 나고, 그전에 교장선생님이 계셨었는데 교장선생님이 뭐 이야기를 했던 거 같기도 하구요.

그러면서 뒤에 [있는] 엄마들한테 [메시지가 왔다고 해요]. "언니, 우리 아이한테 메시지가 왔어. 아이들 지금 어디 식당엔가 어디 부근에 아이들 몇 명이 있대". 이런 메시지가 왔다는 그런 것도 있었구요. '아이들 아직 살아 있구나' 막 삼 일째 되면서 체육관에서 혈압이 너무 많이 올라갖고, 계속 제가 거기 있으면서 응급실을 왔다 갔다 했거든요. 가갖고 안정제 맞고 혈압 떨어지면 체육관으로 오고 그거를 몇 번을 반복한 거 같아요. 그랬다가 신랑이 그게[상황이] 도저히 안 되겠으니까 저를 입원을 시키더라구요. 그리고 병원에서도 아예 텔레비전을 못 보게끔 차단을 했어요. 그래서 옆에 한방에 한날 저희 반 범수 어머니가 또 그래서 같이 함께 같이 머물게 됐어요.

면담자　　　병원에 같이 계셨어요?

승묵 엄마　　한방에 있었어요. 그래서 같이 그 방에서 머물면서 저한테 연락을 아무것도 취하지를 않는 거예요. 그래서 왔다 갔다, 형부랑 오빠랑 동생이랑 다 이제는 팽목에 왔다 갔다 했다[고] 그러고 이제는…. 저는 와갖고 제대로 제가 기억나는 게 하나도 없어요.

　제가 그래서 그 상황이 어떻다라는 것도 체육관[의 상황]을 모르고(한숨), 그렇게 하고 금요일 날, 이제 ○○이가 오는 날, 제가 한지 공예를 했는데 한지 선생님이 ○○이를 데리고 팽목에 오는 버스가 있었으니까 그걸 타고 또 우리 ○○이가 엄마, 아빠 옷, 제가 애들 여행 갈 때 챙겨주듯이 지퍼백에 속옷이며 다 적어갖구서는 챙겨갖고 왔더라구요, 우리 딸. ○○이가 중간에 전화가 왔었는데 "엄마, 선생님이 그러는데, 우리 오빠는 아니겠지? 엄마, 괜찮겠지?" 그래서 "괜찮다"고 "오빠는 아무 일 없을 거"라고. "그렇겠지, 엄마?" 그러구서 통화가 끝나고, "아무 일 없을 거니까, 너는 선생님 말씀 잘 듣고 수련회 계획[과정] 잘하고 오라"고 그렇게 하고 통화가 끝나고, ○○이가 그래도 왔더라구요. 그래서 오히려 음… 음… ○○이가 저를 위로를 하더라구요. "오빠 아무 일 없을 거야, 엄마. 아무 일 없을 거야" 그러면서 지냈는데… 음….

한 7일 정도 됐을 거예요. 7일 정도 된 거 같애요. 그때 얘길 하더라구요, 승묵이 아빠가. 전에 아이들 계속 시신으로 올라오는 소식은 들었거든요. 그때 그러더라구요. 아, 일주일이 아니라 4일 정도 됐을 땐가. "승묵아… 그냥 승묵이…(울음) 이제는 우리 곁에 오는 것만 해도 감사하게 생각하자" 그러더라구요(울음). 그 전까지 아기들, 음 살아 돌아오는 아기들이 아무도 없었으니까. (울먹이며) "이제부터는 우리 곁에 오는 것만 해도 감사하게 생각하자" 그렇게 이야길 하더라구요. 아, 저는 그런 거 하나도, 뭐라 그럴까 들려오지도 않았고, 그냥 믿겨지지가 않았고, 제 마음속에는 '우리 승묵이는 선생님들하고 같이 있을 거고' 일주일, 열흘까지도 저는 미련을 못 버리구요. 아니면 '구명조끼 입고 있었으니까 나와갖고 어디 섬에라도 있을 거다. 지금 핸드폰들도 없으니까 연락이 안 될 거다'라고 저는 그렇게 믿고 있었구요. 저희 반 선생님이 살아 돌아온 것도 몰랐어요. 살아 돌아왔다고 이야기 들은 것도 승묵이 장례 치르고 알았거든요.

아, 그게 승묵이가 열흘 만인가 왔으니까 범수네는 승묵이보다 이틀 전에 올라왔어요. 그래서 범수네가 가고 범수 어머님이 승묵이도 이제 올 거라고. 음… 올 거라고 그러면서 가시더라구요. 그렇게 하고 저희는 범수네보다 이틀 더 있다가 승묵이라고 그러더라구요, 아빠가. 승묵이 올라왔다고. 저한테는 안 보여줬어요. 그래서 아빠가 인제는 확인하고 "확실히 승묵이다"(울음). 그 전에 아이들이 바뀐 적이 있었거든요. 그래서 그때는 DNA 검사를 하고 아이를 보내주는 식이었어요.

면담자   네.

4
장례

승묵 엄마   아침에 연락이 왔어요, "승묵이 맞다"고. 아니길 바랐는데(울음). 그래도 식구들은 그게 위로의 말이라고, 이제는 위로의 말을 해주시더라구요. 그나마 못 올라오는, 그때 뜨문뜨문 올라왔으니까 계속 올라온 게 아니고. 그렇게 해서 [남편이] "승묵이 보고 싶냐"고 [그러길래] "나, 봐야겠다" "승묵이 얼굴 봐야겠다"고 고집 피워서 제가 팽목으로 승묵이 보러 갔어요(울음). 승묵이를 보는데(흐느낌) 어, 눈 주위가 시퍼렇고요, 얼굴에 상처가 있더라구요. 안고 싶고 만지고 싶은데 못 안게 하더라구요(울음). 못 안게 하더라구요(울음). 그러고 나서 제가 거기에서 쓰러졌나 봐요. 제가 거기서 쓰러졌나 봐요. 그래서 승묵이는 헬기로 옮긴다고 하더라구요. 오면서 얘길 들었어요.

이제는 저는, 저희가 언제냐면 택시로 올려고 했는데 제가 쓰러졌었나 봐요. 그래서 링겔을 맞고 가는 중이었는데 눈을 떠보니까 제가 앰뷸런스 안에 있더라구요. 신랑이랑 시동생이 승묵이 데리고 헬기로 안산에 갔구요. 저희 오빠랑 언니랑 ○○이랑 저는 구급차로 왔다고 하더라구요, 저 때문에 택시로 올려 그랬는데 나머지 식구들은 차로 이제는 안산으로 갔구요. 그래서 서로들 이야기를 나눴죠. 음… 영안실이 부족해서 범수도 아직 장례를 못 치르고 있다고 그러더라구요.

근데 우리는 어떻게 예전에 아빠[와] 같이 직장에 다닌 지인분이 이렇게 저기를 해서 갖구서는[여기저기 알아봐서는] [원곡동] 군자 [장례식장] 거기로 가게 됐어요. 또 주위에 아시던 분들이 제일장례식장에도 비워놓을 테니까 오라고 했는데 어떻게 군자가 비어 있어서 그리로 가게 됐어요(한숨). 가니까 지인들이 있고, 저 같은 경우는 계속 그냥 방에서 링겔만 맞고 있었던 거 같아요. 나중에는 도저히 안 되겠다 싶어서 링겔 빼고 그냥 거기 있었죠. 지인분들도 오고 왔다 가고(한숨), 상황 그랬고.

승묵이가 또 중학교 때 2학년 담임선생님이 저를 보면서 그러더라구요. "어머니, 승묵이한테 너무 감사하다"고, 그래서 "뭐가요?" 그랬더니 "학교에 적응을 못 해서 전학을 되게 많이 다니던 친구가 있었어요. 그 친구를 승묵이가 너무 잘 다독여 주고 잘해서, 너무 고맙게 잘 어울리면서 학교에 잘 다니고 있다"고, "너무 감사하다"고 그러더라구요. 그랬냐고 그러면서…. 3학년 때 [그애랑] 같은 반을[에] 넣어주시[셨]더라구요.

그래서 그렇게 지냈고, 고등학교만 서로들 같이 갈려고 했는데, 너무 좋아 갖고 친구들끼리 좋아서 다 한 학교를 갈려고 적었는데 두 친구만 선부고등학교로 가게 됐어요. 그 친구가 떨어지게 된 거예요. 그래서 한참 고민을 하더라구요. "너 없이도 학교생활 할 수 있을까?" 그러면서 한참 "잘할 수 있을 거라"고 "B도 가고 하니까 잘 챙길 거야" 그러면서 서로들 다독이면서 [격려]하면서 학교 1년 생활 지내고 그렇게 잘 지내더라구요. 그래서 그 친구네 집에 가서도 승묵이가 잘 자고 오고 그랬어요. 그래 갖고 왜 거기 같은 경우에 위에 형아가 있고, 아버지가 안 계시고 엄마가 계셔서 항상 밤에 일을 하셨거든요, 엄마. 그래서 그 친구, 항상 중학교 때도 소풍이든 연락이 안 되고 그러면은 항상 승묵이한테 엄마가 전화를 해서 확인 좀 해달라고, 그렇게 전화 오고 하던 친구가.

나중에 소릴 들었는데 어떤 덩치가 [좋은] 친구가 그렇게 울고 있더래요. '쟤가 누굴까?' 했는데 이제는 그 친구였더라구요, 제가 알고 보니까. 그래서 끝까지 같이 친구들이 많이 있었고 끝까지 해줬죠. 그랬더니 많은 친구들 중에서도 승묵이가 제일 늦게 나왔으니까 음…다들 같이 와갖고 어머니 누구는 [장례식장] 어디로 갔고, 누구는 어디로 갔고 친구들 이름 대면서 그러더라구요(한숨). 그렇게 하면서 장례를 치렀던 거 같아요.

입관식 하는데, 입관식 한다고 내려오라고 하더라구요. 식구들은 말렸는데 말 그대로 마지막 얼굴 보는 거잖아요. 안 보면 안 되겠더라구요. 내려갔어요(울음). 근데 안고 싶고 만지고 싶고 [하는데] 못 하게 하더라구요 자꾸. 너무 오래됐으니까. 지금도 자꾸 생각나고 후회스러운 게 그거였거든요. 우리는 스킨십도 잘하고 뽀뽀도 잘했는데 아무것도 할 수 없다는 게(울음) 끝까지 안아주지도 못했다는 게…(울음). 모르겠어요, 그리고 나서 그때는 혼절을 했는지 깨어나 보니까 병원이더라구요. 깨어나 보니까 병원이었어요. 언니가 있더라구요. 그리고 나서 어른들도 쓰러지고 그땐 좀 아수라장이었나 보더라구요.

그리고 나서 승묵이 장례 치르고(한숨) 저희가 음… 2남 3녀거든요. 제일 큰언니가 2003년돈가 언니가 유방암 판정을 받았어요. 잘 치료를 받아오다가 9년도에 재발을 해서 10년도에 돌아가셨거든요. 저희 가게에 문을 열고 한 4개월 있다가 언니가 돌아가신 거 같아요. 그래서 언니가 치렀던 거기 연화장에서 우리 승묵이도 치르고, 그 당시까지만 해도 그런 게 있었나 봐요. 그걸 하고 싶더라구요. 그냥 언니 보면서 음, 우리 승묵이 잘 알아보라고 그동안에 많이 컸으니까, 우리 승묵이 잘 지켜주라고 그러고. 발인하고 집에 와서, 그때 당시에는 조금 무슨 정신인지 모르겠는데 회의가 있다 그래서 올림픽기념관에서 회의를 하고 왔어요.

5
4·16 이후 안산 생활, 활동 시작

승묵 엄마   거기까지는 조금 생각이 나고, 그다음부터는 제가 계속 승묵이 방에 누워서 꼼짝도 안 하고 밥도 안 먹고 아무것도 하기 싫어서 누워만 있으니까, 하도 걱정이 되는지 신랑이랑 언니랑 상의를 해서 음… 병원에 일단 가서 약을 타서, 잠도 못 자니까 약 타서 먹고 약을 먹고 해도 잠자리에 이상한 행동을 하니까 신랑이 겁이 났나 봐요. 그래서 병원에 식구들 걱정 끼치기 싫어서 입원하겠다고 그렇게 해서(한숨) 5월 초인지 기억이 안 나네요. 하여튼 그렇게 해서 한도병원에 입원을 해서, 계속 가니까 검사를 하더라구요. 그렇게 하고 병원에 입원해서 10월 달까지 입원을 하다가 4개월 이상은 입원이 안 된대요. 밖에 나갔다가 안 좋으면 다시 입원을 하는 한이 있어도 나가야 된다고 해서 그렇게 하고. 명절을 병원에서 보내고 10월 달에 집에 퇴원을 해서 집에 와서 그렇게 하고 겨울 지나고 계속 치료를 받으면서도 집에[서] 나오기가 싫더라구요.

　　그래서 집 주위 사람들도 보기도 싫고 이사는 가고 싶은데 병원에서도 권유를 했거든요. 저를 생각하면 이사를 가야 되는데 ○○이가 싫다고 하더라구요. "오빠하고 정들었던 집이라 떠나기 싫다"고 그래서, ○○이 마음을 또 저희가 무시하는 그런 저기[처지]는 아니고 막무가내로, ○○이 의견을 많이 존중을 해서 제가 힘든 한이 있어도 '나만 아프면 되겠지, 내가 더 아프면 되니까' 그래서 집은 이사는 안 하고 지금 그대로 살고 있어요. 계속 주위 사람을 만나는 게 불편은 해도. 그래도 다행으로 저는 다른 우리 신랑이나 식구들이나 다 이해를 하고 다 도와주서 갖고 그나마 치료를 해서 이렇게까지 활동[을] 제가 할 수 있게끔 된 거거든요. 그렇게 해서 ○○이 다독이면서, 오히려 ○○이[를 제가 다독인다기]보다 ○○이가 저를 더 많이 다독여 주는 편이었고, 기다려줬고.

그렇게 해서 언니가 제가 병원 퇴원하고 한 10월까지 있다가 언니도 집에 갔던 거 같아요. 언니도 승묵이 사고 난 이후로 6개월 동안 집에 못 내려가고 저 돌봐주느라고 있었거든요. 너무 감사했죠. 언니[형부가 또 장손인데 종갓집에 장손이거든요. 사돈어른이고 형부고 다 배려해 주서갖고…. 그렇게 하기 힘들잖아요. 그렇게 해주서 갖고 그렇게 있다 언니 가고, 그 당시에 승묵 아빠가 또 반대표를 맡아갖고(기침) 또 안 나가면 안 되는 상황이었어요.

언니 가고 주로 제가 혼자 집에 있으면 움직임도 없고, 항상 걱정스러워서 맨날 체크하고 약을 먹고 치료를 했어도 아무것도 하기 싫고. 그때는 인제 승묵이 방만, 승묵이 사진 보고 계속 통곡을 하는 거예요. 계속 울기만 했어요. 그 당시에는 어쩔 수 없더라구요. 계속 울기만 하고 믿어지지도 않고, 이제는. 그때는 아, 뭐랄까, 저희가 종교는 없었지만 부모님이 절에는 다니서 갖고, 그래도 저희는 어떤 종교든 간에 다 똑같다 생각을 하고 예전에는 그런 마음이 있었는데 아무것도 소용이 없더라구요. 아무리 조상님 깍듯

하게 모시고, 아무리 착하게 열심히 살고, 부모님들한테 착한 자식이었고, 말썽 피우는 자식 없었고, 다 했는데 이런 일이 일어나다 보니까 다 싫은 거예요. 그런 거 자체도 싫고, 승묵이가 옆에 있다라고 생각을 하라는데 그런 것도 아니구요. 솔직하게 없잖아요. ○○이가 항상 그래요, "엄마, 우리 오빠는 항상 옆에 있다"고. 그리고 "엄마, 다르게 생각하지 마. 우리 오빠 지금 멀리 친구들하고 외국여행 갔다고 생각해, 엄마". 그렇게 ○○이가 위로를 하더라구요. 그래, ○○이 앞에서는 "그러자" 그러면서도 학교 보내고, 그때까지만 해도 그래도 제가 막 음식하고 밥해주고 음… 그랬어요, 집도 치우고.

　근데 이제 한참 제가 바깥 활동 하면서 신랑이 반 대표 이제 경빈 엄마한테 넘기고, 당신 일 하고. 가끔가다 삼촌이 슈퍼 혼자 보니까 너무 힘드니까, 가끔 또 슈퍼도 봐주고 그러면서 또 집 챙기고. 이제는 바깥 활동 계속하고, 우리 일이 아직 안 끝났으니까. 그 당시에 계속 행사하고 다 했으니까요. 그런 거 보니까 너무 미안하더라구요. 저는 하는 거 없이 그래서, 어떻게 하다가 제가 조금 용기를 내서 공방을 나오기 시작을 했어요. 그때 엄마들이 한참 분향소 안에서 감사한 분들한테 나눠 준다고 리본이랑 브로치 같은 거 만드셨거든요.

면담자　　　저도 받은 거 있어요.

승묵 엄마　　제가 또 그런 거에 좋아하고 하니까 한번 나가 보라고 신랑이 그러더라구요. 그래서 신랑 따라서 한번 가게 됐어요. 가서도 제가 이야기할 수 있는 게 하나도 없더라구요. 다 이야길 들어보면 다 모르는 거죠. 제가 그동안에 듣지도 못했고, 거기에 관심 가질려 하지도 않았으니까요, 병원에 있으면서도. 그렇다고 지인들 만나는 것도 피했구요. 다 오는 게 싫었어요. 가족들도 오시지 말라고 가족들도 안 만났고, 다 모든 게 다 싫더라구요. 그래서 병원에서는 부모님조차도 몇 개월 동안 지금도 연락도 잘 못 드려요, 잘 안 드려요. 연락하고 하면 계속 우시기만 하니까 저 또한 불효한 거 같아서 저도 싫더라구요.

그래 갖고는 양쪽, 시댁도 그렇고 친정도 그렇고 음… 그렇게 하다가 공방 나오면서 조금씩 조금씩 항상 걸어 다녔어요. 왜냐하면 그때까지만 해도, 그때 이후로 승묵이 자꾸 생각하고, 배 그때 상상을 하게 되더라구요. 그래서 이 깝깝하면 폐쇄[폐소]공포증이 있더라구요. 그래서 차를 못 타고 다녔어요. 그래서 아빠가[랑] 승묵이한테 갔다 오는 것도 너무 무서워서 항상 긴장을 하고 차를 타고 아마 그런 생각이 나는 거예요. '승묵 아빠랑 나랑 중간에 사고라도 나고 나면 우리 ○○이 어떡하지' 이제 모든 게 그런 쪽으로 생각이 나다 보니까 힘들더라구요. 그래서 이제 차츰차츰 그냥 조금씩 조금씩 무조건 걸어 다녔어요.

그때가 1월인가, 2월인가 그럴 거예요, 공방에 나오기 시작한 게. 그때부터 계속 봄이었구나. 그러면서 너무 환자같이 그러고 있으니까 안 되겠다 싶어 걸어 다니면서 제가 일부러 피부를 태웠어

요. 모자도 안 쓰고 일부러 태우기 시작해서 까맣게 태웠죠. 그래
갖고 그렇게 하고 다녔어요. 그렇게 하다 보니까 저희 반 엄마, 경
빈 엄마가 조금씩 조금씩 저를 이끌고 다니더라구요. 그래서 간담
회도 갔다 오고, 가는 동안에도 차도 그 당시에는 멀리 가는 건 못
가고, 가까이 안산에서부터 시작해서 광화문으로 조금씩 조금씩
이제 넓혀가면서 그렇게 다녔죠.

그러면서 이제는 활동하기 시작했어요. 그래서 이렇게 요즘에
는 수도 놓고, '아파도 같이 하자' 그래서 엄마들이, 마음 맞는 엄마
들끼리 [공방 활동도] 하고. 온마음센터의 여러 선생님[들로부터] 자
꾸 연락은 오는데 [상담]하기가 싫었어요. 그래서 최근에 이제는 난
타하는 것도 있었고, 그다음에 마사지하는 것[도] 있어서 마사지는
계속 받았어요. 계속 지금도 엄마들도 그럴 거예요. 지금 같은 경우
에도 계속 아파요, 지금도 앉아 있는데 아파요. 아침에, 약을 먹고
자면 아침에 일어나는 게 너무 힘들어요. 이렇게 하면서 치료도 받
고 그렇게 선생님 도움으로 그렇게 또 [여러 가지] 하고 그러면서 뭐.
지금은 그렇게 활발하게 활동을 하고 다니는 거 같은데도 아직까지
도 힘들어요. 그래서 이번에는 학교 간담회를 저는 처음 갔어요.

면담자   담양에요?

승묵 엄마   담양에 한빛고등학교. 거기가 대안학교거든요. 의외
로 대안학교치고 전국에[서] 제일 인원이 많더라구요. [학생 수가]
200[명]이 넘는대요. 그전에 이제는 대안학교 아이들 축제가 있어

서 대전에 가서 만나보긴 했어요. 학교[에] 직접 간 건 처음이었거든요. 학교 가니까, 아이들 그 또래 보니까 너무 승묵이가 보고 싶어 또 한참 눈물이 나더라구요. 그렇게 하고 또, 거기도 아이들이 3학년 아이들이 70명이 있는데 20명은 이제는 수능 끝났으니까 집에 좀 가 있고, 50명 아이들은 아직 본고사 남았으니까 이제 50명 아이들은 집에 안 [가]고 집에 있어서, 학교에 있어서 기숙사 생활을 해요 그 아이들은. 다 파주에서도 가고 의정부에서도 가고 여러지역에서도 아이들[이] 많이 왔더라구요.

그래서 그 아이들 데리고 이야기도 하고, 궁금한 점에 대해서 이야기하고 또 아이들이 합창 공연[을 해줬어요]. 저희가 안산에서 팽목까지 도보를 했잖아요? 그때도 저희가 갈 때 도보를 해서 갈 때 담양에서 그 친구들을 만났어요. 거기서 추운데 또 공연을 해줬어요, 저희들을 위해서. 그 친구들이더라구요. 그 친구들이 공연 합창도 해주고 노래도 불러주고. 나중에는 "엄마", "어머니" 그러면서 또 꼭 안아주고 아들처럼 그런 아이도 있고. 또 승묵이처럼 또 꿈이 같은 아이가 있더라구요. 그래서 자기도 작곡가가 되고 싶어[서] 지금 그리고 연습[을] 많이 하고 있다고, 그래서 좋은 작곡가가 돼서 나중에도 연락하[자]고 그래서 연락처도 갖고 오고 또 그랬어요. 아이들이 또 너무 밝더라구요.

그래서 제가 후회되는 건 그 아이들을 두 번 보면서 후회되는게 '아, 승묵이가 공교육에 그렇게 불만이 많을 때 나도 좀 저렇게 활발하게 그런 쪽으로 알아보고 할걸', 저는 저런 학교를 생각, 이야길 들었는데 승묵이를 보낼 생각을 못 했어요. 그래 갖고 말 그대로 그 당시에는 문제되는 아이들만 가는 학교라고 그렇게 인식이 다 돼 있었거든요. 근데 그 아이들이 솔직하게 문제아는 아니었거든요. 학교에 말 그대로 그렇게 적응을 못 하는 친구들이에요. 그래서 그니까 틀에 박힌 교육을 받기 싫은 그런 아이들이었죠.

승묵이도 그런 걸 너무 싫어했거든요. 승묵이는 『군주론』, 『국가론』 그런 책을 다 읽고 나더니 나중에서 그러더라구요. 공교육도 싫고, 그전에도 그랬지만 중학교 때부터 그랬어요. 공교육이 너무 싫다고…. 그리고 "수학도, 사회 나오면 더하기 빼기 곱하기 나누기만 알면 되지 이게 뭐가 필요하냐"고 그러면서 수학에 흥미를 잃어가는 그런 저기[상황]였었고, 그래도 공부의 중요성을 조금씩 저기[설명]하면서 제가 이끌어는 갔는데, 그 아이들을 보니까 너무 밝고요, 너무 자유스럽고요, 어, 모든 게 너무 좋더라구요. 밝은 게 너무 좋더라구. 그 학교의 틀 안에 있는데도 우리가 승묵이 학교를 가면 불만스러운 학교, 짜증스러운 학교 막 이런 아이들이 있는데, 그 아이들은 얼굴이 다 전부 밝더라구요. 그래서 (한숨) 검정고시까지 생각을 했었는데 학교를 안 보내고. 그렇게까지 생각을, '왜 내가 저기 저 학교까지 생각을 못 했을까'라는 후회감이 너무 많더라구요. 지금 해봤자 소용은 없지만. 아후, 제가 조금 어지럽네.

면담자　　조금 쉬었다 할까요?

승묵 엄마　　아니, 괜찮아요. 잠깐만요. 그리고 오면서 제가 문자 보내고 통화하고 그런 것도 몇 개월 전부터 그랬거든요. 그 전에는 그런 거 자체도 하기 싫었고 볼펜으로 글씨 쓰기도 싫었고, 내 말을 쓰든 승묵이 이름을 쓰든 그런 게 싫었어요. 그래서 승묵이 간담회 하면서, '기억의 길'을 걸으면서 오시는 분들, 외국에서도 그때 초청해서 엄마들이 갔다 왔거든요. 제가 경빈이 엄마랑 활동을 하다 보니까 경빈이 엄마 따라다니면서 그렇게 좋은 분들도 또 많이 만나고, 외국에서도 또 휴가차, 아이들 방학차 이렇게 많이 나오셔 갖고 둘러보고 가셨어요. 그래 갖고 계속 오시는 중이고, 그래서 학교 소개를 [하러] 같이 가게, 그래서 승묵이 학교를 가게 됐어요, 그 전에 학교도 못 갔지만. 계속 가면은 우는 거예요. 울어도 누가 뭐라 하진 않지만 다 울 때까지 지켜봐 주고. 또 그러면서 승묵이 방명록에 우리 아들한테 그때부터 인제 조그만 글을 또 짧게 시작해서부터 이제 좀 글을 시작하게 되는데. 그 한빛고등학교 갈 때하고 올 때하고, 제가 핸드폰에다 제 저 심정이며 처음부터 시간[몇 시에] 출발했으며 바깥에 풍경을 보며, 가면서 그런 글을 써가면서 남겼어요.

그래서 가면 갈수록…. 승묵이가 그런 걸 좋아했어요. 여행을 가는 걸 너무 좋아했거든요. 그렇더라구요. 갈 때는 농촌으로 바깥으로 나가니까, 초록색 하늘을 산을 보고 하니까 너무너무 좋다고, 눈이 밝아지는데, 들어올 때는 반대로 회색빛만 보잖아요. 너무 답답하다고 항상 그랬어요, 승묵이가 여행 갔다 돌아올 때나. 제가 그렇더라구요. 너무 이제는 제가 바깥에 안 나가고 안산에만 있었어요, 거진 2년 가까이 돼가는 시간을. 그러다 보니까 너무 좋은 거예요, 바깥 풍경을. 저도 또한 시골을 동경을 해왔으니까 너무 좋아서, 너무 좋고 고즈넉하고 너무 고요하더라구요. 10시가 넘었는데도 시골 분들이 겨울이라 그런지 들녘에는 없고 보건소에서 여학생 애들이 치료받고 나오는데 그 해맑게 교복 입고 웃는 얼굴, 그런 거 보니까 너무 좋더라구요.

그래서 또 한편으로는 또 다른 마음가짐을 갖게 만들더라구요. 그래서 그런 또 한빛고등학교는 또 그런 마음을 주게 된, 제 마음을 열게 해준 또 하나의 학교였고, 그 학교가 이번에 우리 농민분이 한 분[백남기 농민] 쓰러지셨잖아요. 그분의 아이들, 자녀분들이 1회 졸업생이래요, 그 학교에. 1회 졸업생이고, 이제는 그 학교가 좀 그런 5·18이든 4·19든 꼭 안 잊고 도보 행진을 하고, 우리 아이들을 위해서 팽목에도 많이 갔다 오고 그랬더라구요. 또, 거기 선생님분들도요, 5·18의[때] 친구를 잃으신 분들이 많더라구요. 그러면서 좀 다른 학교하고는 틀리게, 거기는 선생님들마저도 이야기하면서 다 목이 메면서 우시더라구요, 그러시더라구요. 하여튼 마음 안다고, 근데 자식과 친구하고의 차이긴 한데 많이 그렇게 또 아파해 주시더라구요.

그래서 저는 항상 간담회 갈 때 그렇거든요. 4·16 부모님들이 오셔서, 세월호 부모님들이 오셔서 참관하고 있다면 분위기가 한참 떠 있는데 착 가라앉는 기분, 그런 기분이 너무 안 좋더라구요. 그런 너무 죄송스런 마음을 갖게 하잖아요, 아픈 마음을. 그래서 저는 그런 마음이 간담회 갈 때마다 그게 너무 안 좋더라구요. 그래서 그분들은 괜찮다고 하는데 저는 싫더라구요. 그래서 왜냐하면 좋은 계기로 돼서 막 오픈하는 그런 곳에 저희를 초청해서 가기는 했는데, 막 들떠 기분 좋아서 하는 그런 행사에 저희만 나타나면 착 가라앉히는 분위기[가] 너무 싫더라구요. 미안함을 주는 거 같고 그래서 그러지 않았으면 좋겠다고 그러는데도 또 안 그래지나 봐요.

그래서(한숨) 지금 생활이 요즘 같으면 비 오고 하면 제 마음이 더 힘들어요. 그래서 활동하기 더 힘든데, 그래서 수요일, 목요일 날은 일정이 잡혔어도 제가 지금 몇 주째 집에만 누워 있고, 그럴 때는 아무것도 먹고 싶지도 않고, 자는 건 아니지만 계속 누워만 있게 되더라구요. 지금도 그래요. 제 삶이 이렇게 누워 있고 행복하지도 않고, 이제 목표도 없어요. 지금 현재로는요. 갖고 싶어지는[목표를 갖고 싶은] 마음도 없고, 지금 어떻게 살아가야 되는지에 대해서도 생각나는 것도 없고, 그러고 싶지도 않고, 그래서 솔직하게 ○○이한테 너무 미안해요.

○○이한테 마음 따뜻하게 감싸 안아줘야 되고, 어저께가 ○○이 생일이었거든요. 근데 몰랐어요, 제가. 그 전날도 잊어버렸어요. 그래서 음… 밤 10시가 넘도록 친구 집에서 ○○이가 미술 숙제를 하느라고 아빠하고 밖에서 기다리고 있었어요. "금방 끝난다" 그래서 보니까 10시 반이 넘더라구요. 그래서 나오는데 "엄마, ××이가 나 생일 선물이라고 줬어" 그때서야 그때서야 제가 기억, "아, 그렇구나. 아, 그랬구나". 이제 ○○이한테는 그런 표현을 못 해줘서

"그랬구나. 너무 좋구나", "엄마, 이거 봐봐. 너무 감동받았어". 제가 보기에도 너무 감동이더라구요. 그니까 종합장만, 종합장에다가 자기가 일일이 또 글을 써서 ○○이한테 "친구 된 거 고맙고 사랑한다" 하면서 글을 써준 게 하나하나 ○○이 마음에, [그렇게] 한 게… 울었다고 하더라구요. "엄마, 이거 받고 너무 울었어". 그래서 제가 보기에도 너무 감동스럽게 또 그렇게 해주더라구요.

승묵이 때도 그랬지만, ○○이도 친구 사귀고 하는 데는 잘하더라구요. 그래서 학교생활 하는데 걱정은 솔직히 안 했었어요. 근데 제가 "○○아, 엄마한테, 엄마, 아빠한테 와줘서 너무 감사하고 고맙고". 제가 항상 아이들한테 평상시에도 이야기하는 거지만 "아프지 않고 건강하게 커줘서 너무 고맙고". 전에는 솔직하게 진담으로 그렇게 아이들한테 [마음이] 갔는데요(울음). 요즘에는 솔직하게 ○○이한테 마음을, 말을 해도 제 진정한 진정성이 하나도 없이 그냥 그냥 머리에서 생각을 해서 그냥 이야기해 주는 거밖에 안 되거든요(울음). 그래서 음, ○○이한테는 진짜 솔직하게 너무 미안해요, 제가.

이렇게까지는 말을 안 하는데 그게 그런 이야기를 엄마들한테 이야길 하면 아, 다른 엄만 안 그러는데 경빈이가 저하고 마음이 같더라구요, 경빈이 엄마가. 거기도 여동생 △△가 초등학교 5학년인데 △△한테 그래야 하는데, "언니, 내가 나도 그런 마음이라구". 그래서 아, 전에는 선생님하고 항상 상담을 할 때 "제 가슴에 구멍이 난 거처럼 뻥 뚫렸어요" 그렇게 상담을 하다가, 이제 "선생님, 돌덩이가 앉았어요". 돌덩이가 들어앉았다고 해서, 그래도 많이 치료는 됐지만 아직까지 가슴이 안 뚫려요, 요 애가.

그래서 항상 ○○이한테 미안하고 가족들한테 미안하고, 항상 저를 챙겨주고 생각하는 옆에 있는 지인분들한테 너무 미안하고 그래요, 지금은. 서로 지인들 만나면 위로해 준다는 말이거든요. 위로해 주는 말에 어떤 때는 제가 마음이 아파서, 아니면 제 그런 표정을 보고 또 주위 분들이 말을 선뜻 멈추고 하는 표정들이 싫더라구요. 그래서 아직까지 지인들도 못 만나고 음… 요즘에는 그러고 있어요. 그래도 저희 신랑한테 고마운 게 저[제] 생각을 그래도 많이 해주거든요, 아빠가. 그래서 병원을 또 그렇게 빨리 데려가 준 것도 고맙고, 항상 걱정해 주는 거에도 고맙고 그래요. 지금은 그렇게 생활하고 있어요.

6
사고 당일 진도에 가는 과정

면담자　　　어머니, 힘들게 말씀해 주셨는데 제가 질문 좀 더 드릴게요. 학교에서 출발하실 때 버스에 같은 반 부모님들만 계셨어요, 아니면?

승묵 엄마　　아니. 왜냐하면 저희가 부모님들을 제대로 알지를 못해요. 학기 초라서 학부모 총회 때 뵌 엄마들 외에는 아무도 몰라요. 그래서 누구누구 엄만지도 모르고, 경빈이 엄마 같은 경우에도 여러 번 그때 학부모 총회 때 경빈이 엄마라는 걸 알았고, 더 확실히 알은 거는 이 사고 나서 활동을 하면서 알게 됐기 때문에 저희 반이라는 거는 모르겠어요. 저희 음… 누군지도 서로 다 몰랐으니까.

면담자   차 안에서는 거의 아버님하고만 그냥 두 분이 계셨어요?

승묵 엄마   그렇게 옆에 둘이서 그러고 있었어요. 옆에 주위 둘러볼 그것[여유]도 없었구요. 오로지 '아무 일 없겠지'라는 생각으로 승묵이 가서 데리고 올 생각만 하고 '아무 일 없겠지. 빨리 추워하는 아이들 빨리 데리고 와야' 그 생각으로만 갔으니까 그때는요.

면담자   네. 그 명단이 있다고, 차에서도 부모님들 부르고 이런 일이 있었다면서요?

승묵 엄마   그건 전화로 왔었어요. 담당하시는 분한테 그 당시에는 전화가 오더라구요. 근데 그게 생존 학생이 아니구요. 안 좋은 소식을 전하기 위한 그런 거였는지 그거는 또 이야기를 자세히 안 해줘서 모르겠어요, 그냥 분위기로만. 저는 말 그대로 주위에서 뭐라 하는 그런 소리도 안 들렸구요. 오로지 가서 아이 무사히 데리고 올 것만 생각을 하는데 옆에 앉은 엄마가 아이[랑] 통화하고 인터넷 보면서 우는 거 때문에 조금 마음이 안 좋은 쪽으로 또 생각을 했다가, '그럴 리가 없겠지…' 또 가면서도 "몇 반은 다 구조가 됐대, 근데 몇 반은 반만 나왔대" 막 이런 식으로 소리가 들렸기 때문에요. 그리고 그중에서 "4반은 다 구조가 됐대" 뭐 이런 식으로 들려오니까 저는 승묵이만 데려올 생각으로, 그렇게 아빠랑만 아무 일 없을 거라고 우리 서로 다독이면서 갔어요.

면담자   버스 타시기 전에 다 같이 모여서 회의 이런 것도 없었어요?

승묵 엄마   그런 거 없었어요. 그냥 교문에 내리자마자요, 버스가 와서 서로 못 탈까 봐 막 밀치면서 막, 막 타고 그랬어요, 네. 그러고 다행으로 저희가 두 번짼가 세 번째로 탔어요. 밀치고 밀린 상황에서 그렇게 해갖고 앉아서, 가서 타고서는 출발하고. 학교에서는 무슨 상황이, 그런 이야기를 못 들었어요. 아빠가 올라갔다 오기는 했던 거 같은데, 그때 상황 아무것도 저는 기억이 잘 안 나요. 지금 기억할려고 하면 머리가 좀 아파요. 음….

면담자   다른 부모님들 기다린다고 차가 바로 출발을 못 했다고 들었어요.

승묵 엄마   네. 지연되고, 예술의전당 거기 앞에서 기다렸어요. 그게 다섯 대가 돼서 그렇게 오게[가게] 됐어요. 같이 갔어요, 다섯 대가. 그때 부모님들도 상황을 연락을 받고 막 중간에 막 오던 부모님들이 그 시간대가 돼서 그렇게 해서 가게 된 거였거든요. 12시가 좀 넘어갖고 출발했던 거 같아요, 기억으로는. 그래서 다섯 시간 걸린다 막 그래 갖고 저희가 6시 넘어서 도착했는지 그랬던 거 같애요.

면담자   가는 동안에도 잠깐 쉬었다 가거나 그런 거는 기억
나세요?

승묵 엄마   중간에 부모님들이 휴게소는 아, 휴게소를 들렀나,
휴게소를 들렀는지 안 들렀는지는 모르고 중간 톨게이트 나오면서
부모님들이 화장실이 가고 싶어서 화장실을 조금 많이 가서 한두
번 정도 쉬었던 걸로 기억났던 거 같애요. 아, 휴게소는 한 번 들렀
나, 화장실 때문에. 그랬던 거 같애요. 세 번 정도 쉬면서 그렇게
갔던 거 같애요. 길이 너무 모르겠어요. 너무너무 그 시간이 너무
길었던 거 같아요, 가는 동안에. (면담자 : 그러셨을 거 같애요.) 엄청
길었어요.

면담자   워낙 거리가 멀기도 멀지만.

승묵 엄마   네. 제가 태어나서 그렇게 먼 거리 간 게 두 번째인
거 같아요. 처음에는 아이들 데리고 휴가차 완도로 여행을 한 번
갔고, 그렇게 멀리 간 거는 그때가 처음. 저희들이 가면은 그 밑으
로는 너무 멀다고 잘 여행을 안 다니고 서해 쪽이나 동해 쪽으로
갔는데 여기서는 그렇게 많이 그렇게 멀리는 안 가잖아요. 그러니
까 그게 두 번째로 갔던 거 같아요.

면담자   진도도 처음 가신?

승묵 엄마   처음이에요. 진도라는 도시도 처음.

면담자　　　　그 시간 동안도 어머니 지금 기억하시려면 좀 힘드시겠어요?

승묵 엄마　　　그니까 한 가지, 오로지 '승묵이 아무 일 없겠지. 추워서 떨고 있겠지' 막 그런 생각으로만 갔으니까. 중간중간에 연락 왔을 때(한숨), 거진 진도 입구에 들어갔을 때였을까 어느 엄마가 학교에서 "승묵이 명단에 없어" 이 소리, '잘못 알겠지. 이름이 잘못 올라갔겠지' 거기에서부터 이제는 말 그대로 안 좋은 생각도 나고, 어 막 그런 생각은 들기는 했어요. 근데 '그거는 아니겠지. 이름이 잘못돼서 명단에 못 올라왔겠지. 또 아이들 막 병원으로 간 아이들도 있으니까 서로들 잘못 이름이 아직 안 적힌 거겠지'라고만 생각을 하고 갔지 그렇게까지 됐을 거라고 생각은 안 해봤어요. 그리고 제가 일부러 안 했던 걸 수도 있구요. 그랬던 거 같아요.

7
진도체육관, 병원

면담자　　　　진도에 오셔서는 체육관으로만 가시고 팽목으로는 안 가셨나요?

승묵 엄마　　　저는 못 갔어요. 계속 제가 저는 누워 있었기 때문에 못 가고 동생이랑, 신랑이랑, 오빠랑 저희 아는 지인, 한지 선생님이랑 그렇게 왔다 갔다 하고. 언니랑 부모님들까지 오셨는데 제가 그러고 있으니까 저를 지키고 있었고. 예, 그랬어요. 신랑이랑 오빠랑, 형부랑 왔다 갔다, 식구들이 다 왔었으니까.

면담자   어머님이 형제 중에 셋째세요, 넷째세요?

승묵 엄마   제가 넷째예요.

면담자   체육관에 오셨을 때 준비가 돼 있는 거처럼 그렇게 보셨다고요?

승묵 엄마   네, 네. 은박지 깔려 있구요, 가니까 책상들 펼쳐서 현황실이라고 상황실이라고 그런 것도 다 구비가 돼 있구요, 의료 진 같은 것도 있었는지 나중에 생겼는지 그건 생각이 안 나는데, 하여튼 책상 펼쳐서 벌써 그렇게 있고 있더라구요. 그니까 다른 주위에 둘러보고 이럴 정신은 없구요, 그 당시에는 그런 거는 눈에 들어왔어요. 제가 승묵이를 찾아 헤매고 다녔으니까, 체육관 안에 들어가자마자 그래서 기억이 나는 게 그 사람들이 있고, 아, 명단이 있고 뒤에 책상 펴논 뒤쪽에 있다고 해서 그거 보고, 고 광경까지는 제가 기억이 나는데 그 이후로는 어떻게 막 됐는지를 기억이 안 나요.

그러고 나서 좀 앉아 있을 때는 보면은 벌써 다 부모님들이 자리에 앉아서, 다들 앉아서 있는 모습, 그리고 저녁때가 되니까 담요를 나눠주고 막 그랬던 거 같아요. 막 부모님들끼리 서로 말 그대로 그쪽 거기에서 관리하시는 분들하고 뭐가 안 맞으니까 욕하는 소리, 소리 지르는 소리, 우는 소리 막 그런 소리만 들리지, 잘 소리가 안 들리구요.

잠수사가 들어가서 지금 [잠수]하고 있다라는 거를 나중에는 모니터가 보이면서[모니터를 통해서] 보여주는데, 저는 그 상황만 보고도 자꾸 떠올리는, 생각이 떠오르는 거예요. '저 깊은 물속에 우리 아이[는] 어떻게 됐을까? 우리 아이가 이렇게 저기 했을 때 무서움이 얼마나 많은데 승묵이가 겁이 많은데 지금 얼마나 그 어두운 데서 겁에 떨고 있을까'라는 그런 것만 생각만 해도 제가 드러누웠던 거 같아요. 그래서 제 기억으로는 그런 생각만 나요. 어, 뭐 "연락이 왔어", "그건 잘못된 거야", "우리 아이한테 문자가 왔어" 몇 명이 듣고 거기에 솔깃해 갖고 이야기하고 막 그랬던 거 같애요. 내 아이가 어디에 어떻게 있어, 이렇게 보니까 나하고 아는 엄마예요. 그래서 서로 껴안고 울고 막 그랬던 거까진 기억이나요, 네.

면담자　체육관이 24시간 불이 계속 켜져 있고, 기자들이며 사람들이 많이 왔다 갔다 했잖아요.

승묵 엄마　네. 기자들이 있으니까, 부모님들이 그렇게 소리친 소리는 들었어요. "제대로 녹화를 해서 보낼 거면은 하고 안 그럴 거면 다 나가라. 기자들 다 나가라"라고 부모님들이 그랬어요. 왜냐하면 3사 텔레비전을 틀었는데 솔직하게 우리가 그러고 있는 상황은 전달이 안 되고요, 다 아닌 것만 방송이 됐었으니까.

아, 그거가 기억이 나는 거 같아요. 지금 우리 이런 상황을 방송에는 내보내지 않고요, 자기들이 뭐 지금 그러고 [작업하고] 있다,

뭐 이렇게 부풀려서 이야기하는 거 있잖아요. 뭐 [배가] 몇십 대가가 있고 막 그런 잠수사가 뭐 몇십 명, 몇백 명이 이렇게 가서 지금가고 있다, 솔직하게 그런 [거짓된] 것만 그렇게 내보냈죠. 잠수사요, 이야길 들어보니까 그 당시에 뭐 몇 명밖에 없었다고 하더라구요. 아빠들이 도저히 못 참겠으니까 거길[사고 해역에를] 나가셨잖아요. 그래 갖구서는 보니까는 잠수사가 그렇게 많이 있긴 뭘 있구요, 해경들이 있긴 뭐가 있구요.

예, 그런 거에 분노가 저기 하니까[치미니까], 부모님들이 "별도로 촬영을 하라", 막 그런 거 [작업]하는 거 "별도로 촬영을 해서 모니터로 해보여 줘라" [하고 요구하는] 막 그런 상황에 그렇게 해준 거구요. 그 대통령이 온 이후로, 왔다간 이후로 고거는 설치했던 거같기도 하고.

면담자　　대통령이 온 뒤에.

승목 엄마　　그랬던 거 같애요. 고거까지 제가 기억이 나요. 고때까지 제가 체육관에 있었으니까. 그렇게 해서 대통령이 뭐 이야기를 하고 갔다는데 저는 하나도 기억은 없구요. 하여튼간 우왕좌왕쑥 밀려왔다가 뭐 얘기하고 쑥 나가는 거, 그렇게 하고 간 거까지는 기억이 나요. 짧은 시간에 어, 그렇게 하고 간 거, 음… 그렇게하고 뭐 그 이후로는 다 똑같앴어요. 그리고 그 사람이 왔다 갔더래도 상황은 그전이랑 다 똑같앴으니까요. 그러면 제가 3일까지있었나 봐요. 3일까지 있었나 봐요.

그러고 있다가 제가 그런 상황에 3일째 그 모니터를 보고 제가 혈압이 올라가면서 확 저기 해[몸이 나빠져] 갖고 병원에 갔던 거 같애요. 그 이후로는 아예 병원에 입원이 됐던 거 같아요. 그 이후로는 예, 잘 모르고 그런 상황이었던 거 같애요.

면담자   체육관 안에서도 밖에 나가보시거나 그러시지도 못하시고 거의 안에만?

승묵 엄마   체육관 안에서만 있었던 거예요. 왜냐하면 밖에 나와도 뭐, 고 체육관 밖에 나와도 기자들 차들 그런 것만 많고, 그다음에 저희 저기 한다고[돌본다고] 봉사하시는 분들 많이 뭐 왔다 갔다 하고 계시고 그런 것만 있었어요, 체육관 고 주위에만. 그리고 뭐 고 잠깐 뭐 때문에 나갔을까, 뭐 때문에 바람을 쐰다고 잠깐 나갔을까 차에 뭐 가지러 간다고 주차장에 갔을까. 고기에 체육관 주변만 그렇게 막 그냥 방송국 차, 그런 것만 많이 있었지 별다른 건 없었어요. 예, 다른 건 없었어요.

그러고 나서 첫날이었나요. 경빈이하고 우린 반에 오천이, 제가 오천이는 알고 있었으니까, 오천이가 올라왔다는 소리, 우리 반 아이들 올라왔다는 걸 선생님들한테 이야길 들었던 거 같애요. 거기에 한 선생님이 계셨는데 승묵이를 학교 다닐 때 잘 알던 선생님이셨더라구요. 그래서 승묵이가 2학년 때 "자기 혼자만의 동아리를 만들고 싶다"고 선생님한테 이야기를 하니까 "그러면 네가 계획서를 갖고 와라" 그랬더니[그래서] 갖다줬더니 "그래 그러면은 한

번 해봐라. 선생님이 맡아줄게" 그러고 나서 [그 동아리를 담당]한 선생님이시더라구요. 그래서 이야기를 많이 했는데 저희 반에 저는 몰랐었는데 오천이랑 경빈이랑 이렇게 올라왔다는 소리를 제가 들었어요. "그래요?" 그랬더니 그게 말 그대로 이제 살아서 돌아온 게 아니고, 이제 아프게 돌아온 거예요.

그때만 해도 가슴이 아팠고, '우리 승묵이는 살아 있겠지, 선생님하고 손 꼭 잡고, 살아 있겠지, 어딘가에 있겠지' 그러고만 생각하고 있던 그런 저기 했기[처지였기] 때문에. 경빈이랑 오천이 어떻게, 왜냐하면요 오천이가[랑] 승묵이가 같은 방에 있었거든요, 한방에 있었던 아이들이었어요. '설마 우리 승묵이 아니겠지, 아니겠지' 그렇게 [생각]하고 그런 마음으로 있다가 계속 몇 명의 아이가 올라왔어요. 근데 올라왔는데 금방까지도 심폐소생술을 하면 된다고 막 그런 소리도 있었고, 그게 올라올 때 아이의 입에 거품에[이] 있는 거[는] 바로 올라오는 상황에서 그랬다는 얘기도 들리구요. 잠수사들도 그래요. 아이들이 살아 있을 수도 있는데요[있다는 거예요]. 어떻게 했는지 몰라도, 여유분의 공기통을 갖고 가셨는지 모르겠지만, 올라오는 아이들마다 공기통을 쏘여줬는지 그거는 모르겠어요.

그런 소식을 들을 때마다 '우리 승묵이는 살아 있겠지, 있겠지' (울음). 그래서 부모님들이 공기호스 빨리 집어넣으라고, 빨리 집어넣으라고 아이들 살아 있다고 문자 오고 하니까 빨리 주입하라고 그러면서까지 많이 싸웠던 거 같아요. 그래서 그 사람들은 하고 있다고. 하고 있는데[있기는] 뭘 하고 있어요. 하고 있는 게 없었어요. 그러니까 부모님들이 오죽했으면 그 깜깜한 시간에 배를 타고 나가신다고 하더라구요. 그 상황을 솔직하게 변명 늘어놓는 거밖에 없어요, 그 사람들은요. 진짜 처음부터 끝까지 거짓말만 하더라구요. 그래서 부모님들이 저 거짓말만 하니까, 하는 것도 없으면서 맨날 하고 있다고만 하니까, 끝내는 부모님들이 그렇게 들어가서 단독적으로 수중촬영을 해라(한숨) 막 그래서 했는데 그게 제대로 된 수중촬영인지도 모르겠죠. 물 [안] 사정을 모르니까. 막 그랬던 거 같애요.

면담자 그때까지는 오천이 어머니도 거기 계신지 모르셨던 거죠?

승묵 엄마 못 봤어요. 그냥 전화 통화로 저희 버스 타고 갈 때 "아, 나 도착했어", "어디야 어디쯤에 왔어?", "우리, 언니, 진도 입구에 들어왔어" 이런 식으로 하고요. 거기 체육관 가서는 뭐 전화해 볼 그 저기[그런] 상황도 아니었구요, 제가. 그랬기 때문에 말 그대로 넋 나간 미친 사람 같앴어요. 다 엄마들이 울고만 있고, 저 건너편에 '아, 저 엄마는 내가 많이 보던 엄만데. 어, 저 엄마도 아직 아들이 안 나왔나 보구나' 그게 지금 우리 반 수현이 엄마예요. 그 전에는 수영장 다니면서 운동을 다니면서 봤던 엄마였거든요. 그분이 수현이 엄마였다라는 거를 이 사고 이후로 알았고요. 그랬던 거 같애요.

어떻게 거기 있었는지를 모르겠어요(한숨). 근데 밥은 먹으라니까 밥은 입속으로 또 들어가더라구요. 주위 분들도[에게] 걱정 안 끼치려고 한다는 마음으로 하고 있는데, 그때는 그런 게 너무 한심스러웠고, 안 좋았고 그냥 다 그랬어요. 제발 승묵이 무사하게만 돌아오기로만 기도를 했고, 신랑이 그렇게 이야기하고 일주일 넘어서서는 다 아이들이 안 좋은 소식으로만 올라오니까 신랑이 말한 거처럼 우리 '승묵이도 나한테 오는 것만으로 감사하게 생각해야 되나' 병원에서는 잠깐 그런 생각도 가졌었구요.

면담자　　아버님이 늦게까지 통화가 되셨잖아요, 승묵이하고요. 그 말씀 들으시고 어머니도 통화 못 하거나 그런 게 생각나시진 않으셨어요?

승묵 엄마　　그렇죠. 그렇게 아빠하고 통화를 끝나고도 승묵이한테 계속 통화를 했거든요. 통화가 안 되더라구요. 아이들이 구조가 돼서 지금 이제는 옮기는 상황이고 하니까, '상황 저기 해서[전화받을 상황이 안 돼서] 못 하나 보다' 그래서 문자를 남겼어요. 승묵이한테도 "승묵아", 지금도 제 핸드폰에 있을 거예요. 그래서 "옮겨 타면 엄마한테 꼭 전화 줘" 그게 그 문자가 끝이었어요. 통화는 시도는 했는데 계속 통화는 안 됐으니까. 그리고 신랑도 그렇게 이야기했을 때 "아, 아이들이 구조가 됐겠지"라는 상황이었으니까요. 시간이 그 시간이면 구조할 시간도 훨씬 여유가 되게 많았던 시간인 거구요. 그 시간 이후로도요(한숨). 왜 구조를, 일부러 그랬다는 것밖에 생각이 안 나요. 말 그대로 그랬잖아요. 충분히 구조가 되는 상황인데 안 한 것밖에 안 되잖아요. 승묵이하고 그 시간에 통화를 할 때만 해도 "구명조끼 다 입고 엄마 나갈 준비하고 기다리고 있어" 이 소리를 하는데 그렇잖아요.

면담자   그때 당시에는 원망스럽거나 그런 마음이 많이 들지는 않으셨어요?

승묵 엄마   그 당시에는, 아니요, 원망 그런 생각조차도 뭐 들여유가 없었어요. 원망이라고 그런 것보다 아, 이제는 뒤늦게 뭐라 그럴까 승묵이하고 저녁에 전화를 할 때 당일 날이죠. "엄마 안개가 껴서 엄마, 우리가 못 갈 수도 있대. 엄마, 우리 돌아갈 수도 있대" 승묵이가 많이 속상해하는 그런 거였거든요. 그래서 "승묵아, 너는 여행도 많이 갔다 오고 다른 친구들, 넌 제주도도 갔다 왔잖아" 그러니까 그런 식으로 위안을 주면서 "그렇지 뭐. 엄마 그치", "그럼. 못 가서 엄마는 그냥 돌아왔으면 좋겠다". 그 당시에 그렇게 통화를 했을 때 왜 선생님이나 누구한테 전화를 안 했을까. 왜냐하면 "엄마, 우리 밥 먹으러 오래" 그래서 밥 먹으러 간다고 그러고 나서 "승묵아, 상황 어떻게 되는지 엄마한테 꼭 전화 줘" [했는데] 전화가 없는 거예요, 기다리는데. 9시가 넘어서 하도 전화가 안 와서, 떠나고 있다는 거예요. 그래서 그 상황은 떠날 수 있는 환경이니까 부모님, 뭐 선생님들 다 의견 차, 떠날 수 있는 상황이니까 배를 띄웠겠지. "그러면 조심히 재미있게 다녀와. 그렇게 기왕 간 거면. 좋은 추억 많이 만들고". 들떠갖고 갔거든요. '그때 왜 내가 선생님들한테 전화를 해서 그런 상황이면 돌아오란 소리를 못 했을까. 전화할 생각을 왜 못 했을까' 하는 게 제일 후회스럽구요.

지금 의문이 드는 건, 저는 그렇게 생각해요. '그때 여기 출발하기 전에도 거기는 안개가 끼고 상황이 안 좋았을 텐데 그런 상황을 못 들었나? 왜 그 시간에 출발을 해서 도착을 해서만이 안개가 꼈다고 출발을 못 한다는 상황을 들어야만 했을까?' 그런 거가 저는 의심스럽죠. '그 전에도 충분히 전화 통화를 받아서 안개가 많이 낀 상태라 안 좋아서 떠나지를 못하는 상황이라는 거를 전화를 줘서, 아니면은 그러면은 학교 자체에서 안 떠났으면 그런 일이 없었을 텐데', 그런 상황이 아니었나? 왜 떠나, 왜 여기서 출발을 했지. 그리고 다른 학교들도 다 그렇게 했든, 아무리 제비뽑기를 해서 그 한 대만 간다는 것만도 이해가 안 되는 거였구요. 제비뽑기를 다른 학교들은 안 가고 그 한 대만 간다는 것도 진짜 우스운 일 아니에요? 다 안 가면 안 가는 거지 그 배만 갈 수 있다는 게 그게 어딨어요. 다른 배는 안 가고 그 배만 갈 수 있다는 건 전 이해도 지금으로선 이해도 안 되는 거구요. 그런 거죠 뭐, 속상한 건. 마지막에 "아이들 배웅하러 갈래요?" 경빈 엄마가 전화 왔을 때도 저는, 아 어지럽다, 슈퍼에 있었기 때문에 아빠가 일을 나간 상태라 비울 상황이 아니라서 저는 못 간다고 "배웅 좀 잘하고 오세요" 그런 상황이었구요.

면담자　　괜찮으세요, 어머니? 조금 쉬었다가 할까요?

승묵 엄마	아니, 계속하고 끝내는 게 나을 거 같애요.
면담자	병원에 계실 때 2인실에 두 분만 계셨어요?
승묵 엄마	진도에서는. 네, 그랬어요. 범수 어머니랑 저랑. 저

는 그래도 챙겨주는 가족들이 있어서 막 억지로라도 먹었는데 범
수 어머니는 아버님이 계셨긴 했어요. 근데 아예 안 드시더라구.
어머니 같은 경우에 너무 힘들어하시고…, 그다음에 거기[범수네]
같은 경우에는 범수 형이 ◇◇라고 있는데, 대전에서 대학교를 다
니는[다녀서] 학교를 갔다 또 오고 하는데, 범수가 나온 날 같은 경
우에도 ◇◇가 온 상태에서 범수가 나왔거든요. 가서 보고 오겠다
고 그러고 갔어요. 그리고 나서 나왔으니까.

　아, 승묵이 여자 친구가 있었는데, 연화라고 1반에 있었어요.
그 친구가 범수하고 같은 날 나왔다고 하더라구요. 그래서 우리 언
니가 위로하는 말로 좋은 생각으로 그러더라구요. 승묵이가 이틀
있다 나오니까 그래 연화가 나오래서 승묵이가 나왔나 보다. 안 그
랬으면 지금 미수습자가 있잖아요. 더 될 수도 있어요, 솔직한 말
로. 더 될 수도 있는데 정부에서 발표한 인원수에 맞춰서 아홉 명
이잖아요. '그렇게 될 수도 있겠구나'. 지금 나중에는 그렇게 되더
라구요. 그래서 우리 반 요한이가 우리 반에서 제일 늦게 나왔어
요. 엄청 늦게 나왔죠. 그래서 그런 거에 비하면 다른 애들은 훼손
이 더 많이 됐잖아요(한숨).

| 면담자 | 승묵이 올라왔을 때는 바로 아버님이 만나실 수는 |

있었어요?

승묵 엄마　네. 아빠가 팽목항에 계속 있었으니까. 팽목에 있었으니까 바로 승묵이라는 걸 알아봤다고 하더라구요. 전에 아빠가 승묵이 잠자는 모습을 찍어논 게 있었어요. 그 모습이랑 똑같다고 와서 저한테 이야길 해주는데, 하루 사이에 승묵이가, 그날 아빠가 본 날은 자고 있는 아이 같다 그러더라구요, 자고 있는 아이. 그다음 날 DNA 검사 나오고 안산으로 올라가려고 했을 때 저를 보여줬을 때는요(한숨) 더 안 좋은 상태, 이미 더 안 좋은 상태. 그래서 아빠가 후회를 하시더라구요. 그냥 당일 날 올라왔을 때 보여줄걸.

면담자　하룻밤은 아버님하고 승묵이가 같이 있지는 못했던 거네요?

승묵 엄마　네. 같이 못 있었던 거죠. 그렇게 확인만 하고 DNA 검사 들어갔고.

면담자　오늘은 그럼 어머니, 여기까지 할게요. 다음번에 좀 더 여쭤볼게요. 오늘 힘드신데 너무 애쓰셨어요.

승묵 엄마　눈물이 이제 많이 말 그대로 말랐네요.

3회차

2015년 11월 27일

1 시작 인사말

2 경기도교육청 『약전』 제작, 승묵이 어린 시절

3 동생 ○○이

4 승묵이가 없는 집에서의 생활

5 ○○이의 일상생활

6 참사 이전 학교 활동 참여

7 삼일마트에 붙은 쪽지들

8 담임선생님

1
시작 인사말

면담자 　본 구술증언은 4·16 사건에 대한 참여자들의 경험과 기억을 기록으로 남김으로써 이후 진상 규명 및 역사 기술에 기여하고자 합니다. 지금부터 은인숙 씨의 증언을 시작하겠습니다. 오늘은 2015년 11월 27일이며, 장소는 안산시 단원구 글로벌다문화센터입니다. 면담자와 촬영자는 김아람입니다.

2
경기도교육청 『약전』 제작, 승묵이 어린 시절

면담자 　어머니 지난주에 컨디션 괜찮으셨어요?

승묵 엄마 　그냥 항상 똑같애요.

면담자 　크게 좋거나 나쁘거나 하지 않으시고?

승묵 엄마 　요즘에는 심경 변화, 마음이, 뭐라 그럴까 진실되지 않다 그럴까, 마음이. 누가 돌아가셨다면 서글퍼야 되는데 서글프지도 않고 감정이 없다 그럴까요. 따뜻하게 감싸줄 그럴 마음이 없어요. 그래서 ○○이한테도 미안하고. ○○이한테 그래 줘야 되는데 그래 주질 못해요. 예전처럼 제가 아이들 막 스킨십 하는 것, 포옹하는 것도 그렇고 뽀뽀하는 것도 되게 좋아하거든요. 그래서 하는데 우리 ○○이한테 해주는 거는 그냥 성의 없이 해줘서 미안하죠.

면담자   ○○이가 계속 마음에 걸리시나 봐요.

승묵 엄마   걸리죠. 그니까 왜냐하면 뭐 승묵이보다 ○○이를 덜 사랑하고 그런 건 아닌데, 똑같이 사랑하는데도 글쎄요, 그런 감정이 지금은 모르겠어요. 치료 단계니까 감정이야 생기겠죠, 나중에. 지금 현재로는 그래요.

면담자   눈 많이 오거나 날씨가 안 좋으면 기분이….

승묵 엄마   안 좋아요. 요즘에 비 와갖고 그거 땜에 조금 힘들었거든요. 활동하는 것만 대체적으로 활동하고 지금도 몽롱한 상태에서 오전에는 돌아다녀야 하니까 그럴 때가 제일 힘들어요. 어저께 외출할 때는 눈이 내렸거든요. 승묵이가 좋아해요, 눈을. 개네는 더위가 많아서[더위를 많이 타서] ○○이랑, 항상 사시사철을 냉수만 먹거든요. 얼음도 먹고 과일도 얼려갖고 샤베트식으로 겨울에도 그렇게 먹고 하거든요. 그래서 눈 오는 걸 참 좋아했는데. 승묵이 사진에서도 친구들하고 학교 쉬는 시간에 잠깐 눈사람 만들어서 사진 찍어놓고 한 게 있더라구요. 그것도 보고.

어렸을 때는 걸어갔다 오다가, ○○이랑 요번에 『약전』(『416 단원고 약전』) 쓰는데 아빠가 넣으셨더라구요. 저는 생각지도 못했는데 그 사진을 또 넣으셨더라구요. ○○이하고, 제가 너무 이뻐갖고 찍어준 적이 있었거든요. 예전에 [영화] 〈러브 스토리〉마냥 드러누워 갖고 그렇게 찍어준 것도 있고 한데, 음… 좋아했어요. 안 좋아하는 아이들이 없죠. 다 눈이야 어른들도 좋아하는데 첫눈인데 좋아하죠. 어저껜 좀 그렇더라구.

면담자　　　『약전』얘기 좀 해주세요.

승묵 엄마　　승묵이『약전』이요? 그게 교육청에서 하시는 거래요. 그래서 뭐 진짜 솔직한 말로 작가분들 이렇게 많이 만나보는 것도 처음이었고, 이렇게 많은 작가분들이 저희들 생각해서 그렇게 해주시는 것만도 감사했고. 승묵이는『약전』쓰시는 분이 영화 시나리오 쓰시는 분이에요. 젊으셔서. 정희재 작가라고 되게 젊으시더라구. 와서 이야기 진짜 많이 나누고 그『약전』쓰는 덕에 승묵이 친구들을, 이제는 제가 이 일 겪고 나서 두 번째 봤어요. 처음에는 어버이날 찾아왔더라고. 우리 아이들이 4월 16일 날 저기 했잖아요. 5월 18일[8일] 날 찾아왔더라구요. 그때 아이들 한 번 보고, 그런 다음에『약전』쓰면서 두 번째로 봤거든요. 그렇지 않아도 내가 아는 승묵이 말고 친구들이 알고 지냈던 승묵이를 제가 알고 싶어 갖구요. 친구들 만나서『약전』, 그 이야기 하면서 들어보니 내가 알던 승묵이가 친구들한테도 다 있더라구요.

　　승묵이는 말 그대로 거짓말 없이, 거짓말하면 걔는 이렇게 티가 나서 거짓말을 못 하지만 또 선의의 거짓말은 하라고 했으니까 선의의 거짓말은 있었겠죠. 근데도 승묵이가 저한테 했던 이야기, 친구들하고 있었던 이야기, 친구 집에 가서 자면서 대학생 형아들이 맥주 한 잔 주면 또 마시고 했다는 거, 그거는 뭐 명절 때 가면은 어르신들이 한 잔씩 주면 또 마시곤 해서 그런 거는 다 이해를 하거든요, 호기심 많을 때고. 그렇게 엄마한테 거짓 없이 이야기했던 걸 친구들이 그대로 이야길 하더라구요. 제가 알고 있던 승묵이였더라구요, 친구들한테도.

『약전』 쓰면서도 이제는 승묵이가 태어나면서 제가 이 안산에 오게 된 계기서부터 승묵이가 태어나고 자라나던 곳 이야기하고, 그동안 아, 18살이죠. 승묵이는 생일 지났으니까 18살이었어요. 그동안에 있었던 이야기 하면서, 가슴 아파 갖고 한동안 쉬었다가 하기도 하고. 또 지금으로서는 승묵이 행복했던 거, 그리고 저한테 말이라서…. [저희가] 결혼하고 저희도 신혼 생활을 좀 갖자 해서 솔직하게 승묵이를 조금 한 6개월 정도 늦게 갖자라는 계획하에 있었는데 생각보다 늦게 들어서더라고요, 생각 같지 않게. 그래서 한 9개월, 10개월 만에 승묵이가 들어서서 저희한테 왔는데, 지금 후회하는 건 '그런 계획 없이 만약에 가졌다면 이런 일 없지 않았을까'라는 후회감도 있구요.

솔직하게 그러면서도 부모로서 충분히 해주지 못한 거, 항상 승묵이한테 미안한 게, ○○이는 승묵이를 키우면서 제가 경험을 해봤기 때문에 그런 게 없었는데, 승묵이를 뭐라 그럴까, 제 틀 안에 가둘려고 그랬다고 그럴까요. 그리고 남자애라 좀 엄하게 키운 경향이 있어요. 그래서 조금 사랑의 매라고 하지만 솔직한 말로 감정이 실린 매도 있었거든요. 지금의 후회는, 저는 그전부터 승묵이

126
승묵 엄마 은인숙

가 있을 때부터 그런 게 조금 후회스러웠어요. 그래서 요즘에 프로그램이 다양하게 많이 나왔잖아요, 아이들에 대해서. 그 당시에는 그런 게 없었어요. 육아책을 보고서는 하지만 출산이나 요런 거[에] 대해서만 잠깐잠깐 책자로만 접했을 뿐이지, 그 당시에는 그런 교육이 별로 없었잖아요. 그런 게 『약전』 쓰면서도 이야기했지만 그런 게 미안했구요.

우리 승묵이가 태어나서 엄마들도 진짜 많이 알게 됐구요. 항상 시간 맞춰서 밥 멕이고, 샤워시키고, 아빠 마중… 항상 아빠가 버스 출퇴근[을] 하셨으니까 자가용이 있어도 회사 버스를 타고 다녀서 저희가 여기 기억저장소 거기 근방이라고 그랬잖아요, 연립이. 그 앞에 보면 예술의전당 생기기 전에 커다란 교회가 있어요, 은혜와진리교회. 건너편에서 아빠가 항상 서니까 승묵이 데리고 아빠 항상 마중 나가고, 비 오면 우산 갖고 나가고 항상 그 일이었어요.

그래서 그 동네 골목에 나가면 솔직하게 승묵이 모르면 그 상가 아줌마들이 간첩일 정도로 우리 승묵이가 되게 활발했거든요. 호기심도 많았구요. 그다음에 활동력이 되게 많았어요. 승묵이가 지치지가 않을 정도로 진짜 요즘 말대로 에너자이저, 그 정도로 너무 [활기] 넘치는 아이였고. 첫아이다 보니까 조금조금 하나씩 다치는 거에 엄마가 너무 예민해져 있고.

그다음에 우리 승묵이가 배변 누는 걸 아기 때부터 좀 힘들어했어요. 그리고 커서까지 솔직하게 이거 지저분한 얘긴데 변이 굵어요, 우리 승묵이가. 승묵이가 항상 변을 놓고[누고] 나오면 변기가 막힌다든지, 물을 내렸는데도 변이 그대로(웃음). 매번 그게[그걸] 착각해서 "야, 물 좀 내려라", "엄마 물 내렸는데요". 항상 그게 승묵이한테 하는 소리였거든요, 아기 때부터. 어느 날에는 초등학교 3학년 땐가 4학년 때였어요. 옆집 언니, 누나네 식구하고 같이 밥을 먹으러 갔는데 승묵이가 잘 먹을 텐데 안 먹어요. 그러고 갔다 와서 애가 땀을 삐질삐질 흘려요, 식은땀을. 그래서 "왜 그러니?" 배가 너무 아프대요. 그래서 배 아프면 진작에 얘기를 하지, 그날은 또 쉬는 휴일이라서 응급실을 가야 하는 상황이라서 아빠가 데리고 갔더니 승묵이가 방귀도 못 뀌고 변비라서 그게 그렇게 아파 갖고. 선생님이 그랬대요, "먹는 것도 중요하지만 싸는 것도 중요하다". 우리 승묵이한테 그렇게 얘기하면서 저희가 그랬어요, "어머, 응가 싸는 것 땜에 돈 들여가면서 우리 승묵이 응가 보고 왔네".

자기도 그때부터는 볼일 보는 게 되게 큰 거, 중요한 거라는 걸 알고 승묵이도 그때부터는 이제 잘 조절해 가면서 먹으면서[먹었는데], 편식을 좀 했었어요. 조개 종류 같은 걸 안 먹었어요. 야채 종류를 제가 많이 먹였는데 크면서 귀찮아지니까 김치 종류는 잘 먹어요. 근데 쌈 종류 이런 거를 잘 안 먹어요, 승묵이가. ○○이는 되게 좋아하는데. 그런 게 좀 부족했고. 먹는 거는 그거 가리는 거 외에는 잘 먹었으니까. 고기도 없어서 못 먹었죠. 과일은 뭐, 기본적으로 부식비가 주식비보다 더 많이 들어가니까. ○○이도 그렇

승묵 엄마 은인숙

고 과일은… ○○이 같은 경우에도 수박을 하루에 한 통. 오전에 한 통, 오후에 한 통, 그렇게 우리 아이들이 물기 있는 과일 종류를 되게 좋아해요. 그런 거 먹는 거 보면 항상 좋았고, 다른 엄마들은 안 먹는다고 걱정하고 너무 먹어서 살이 쪄서 걱정한다는데 우리 아이들은 너무 먹어서 살찌는 것도 걱정도 없었고, 그냥 건강하게. 말 그대로 우리 아이들한테도 얘기했지만 "너무 건강하게 잘 먹고 커줘서 이쁘다"고 항상 그렇게 얘기했거든요.

면담자   특별히 아픈 적도 없었나 봐요.

승묵 엄마   네, 특별히 아픈 것도 없어요. 그냥 기본적인 감기, 환절기 때 살짝, 고렇게 오면은 그다지 많이 오지도 않고요. 다른 아이들은 감기 오면 중이염, 우리 아이들은 그런 것도 없었고. 승묵이가 충수염 수술 한 번 한 적 있었고. 그때도 승묵이가 주사 맞는 걸 진짜 싫어해요. 진짜 무서워하고 겁도 많은 데다가 저는 그걸 몰랐어요. 주사 공포가 있다라는 걸 몰랐었거든요. 근데 승묵이가 주사를 그렇게 맞기 싫어하는데 이제는 수술을 들어가야 되는데, 그때는 아빠는 직장에 계시고, 제가 ○○이 데리고 [병원에 갔어요]. 승묵이가 링겔을 맞아야 되는데 링겔을 못 맞는 거예요. 그래서 간호사님한테 너무 미안할 정도로 45분을 걸려서 링겔을 맞고 그러고선 바로 수술 들어갔거든요. 간호사님한테 너무 미안한 거예요. 그걸 모르고 승묵이만 탓했죠. 혼냈죠. "왜 그러니, 창피하게, 5학년이나 돼서". 5학년 때 했는데 "5학년이나 돼서 이거 못 하면 엄마 간호사 이모들한테 너무 힘들어, 미안했다"고, 그리고 "솔직하게 창피했다"고. 근데 제가 승묵이 그걸 몰랐던 거예요. 주사 그거에 공포[심이] 있다는 걸.

그 이후로 알고 나서 승묵이가 겨울에 맞는 게 뭐죠? 독감 주사도 안 맞았어요. 한 번도 안 맞았어요. 근데도 의외로 탈 없이 이렇게 지나가더라구요. 그래 갖고 흡입하는 게 있었어요, 독감 주사 그게 잠깐 흡입하는 게 있었어요. 그거는 4만 5000원이었거든. 두 해를 그걸로 했어요. 다음에 그걸 맞으러 갔더니 그게 그전에 부작용이 있다는 이유로 없어져 갖고 승묵이는 독감 주사 안 맞고 ○○이만 맞고 오고 그랬거든요.

음, 그렇게 하고 중학교 때는 탈이 한번 난 적이 있어요. 아, 두 번이 있구나. 1학년 때 승묵이 선생님한테 전화 왔나, 선생님한테 빌려서 전화가 왔었을 거예요. "엄마, 체육복하고 좀 속옷 좀 갖고 오래요", "왜?" 설사를 했다고 그랬다고 하더라고. 선생님이 얼른 갔다 오라고 했대. 그래 갖고 부리나케 데리러 가서 옷 갈아입히고 병원 들러서 그렇게 간 적이 있어요. 그래서 "안 창피해?", "엄마, 괜찮아". 승묵이 성격이 그래요.

그래서 3학년 때도 선생님이 초[임] 저기라서 애들[이] 결석을 하거나 조퇴를 하거나 이렇게 하면은 반에 대한 그 점수가 깎여갖고 무슨 상 받는 게 없나 봐요[상을 받지 못하나 봐요]. 선생님이 그거에 너무 저기[연연]하신 거라 승묵이가 그때 감기가 오면서 배탈이 난 거예요. 그래 갖고 애가 너무 안 좋은 거야. 그래서 선생님한테 전화를 드렸죠. 열도 많이 나고 선생님 제가 승묵이 병원에를 데리고 갔다가 그렇게 학교로 갈게요[가겠다고] 그랬더니 선생님이 안 된대요. 학교를 무조건 왔다가 다시 가는 한이 있어도 그래야 된대요. 그래서 제 생각으론 '담임선생님이 유도리[융통성] 있게 하시면, 수업 시간에만 가면 되겠다' 저는 생각을 했는데 그게 아니었던 거예요. 그래서 아, 제가 좀 많이 화가 나더라구요. 그래서 승묵이를 데리고 양호실에 가서 눕혀논 상태에서 선생님을 뵙고 또 데리고 가서 병원 진찰을 하고 죽을 사가지고 와서 승묵이 양호실에 눕혔다가 근데 3교시 이상은 못 누워 있는데요, 양호실에. 4교시에 수업을 하고 그러고 왔다고 하더라구요. 그래서 그때는 너무 야속하더라구요. 그래서 제가 양호 선생님한테 "선생님은 기혼, 결혼하셨으니까 마음을 아실 거라 생각하고, 너무 속상하다"고, "선생님이 아가씨[라] 몰라도 너무했다"고. "이렇게 아픈 아이[를] 웬만해서 저도 병원에 이렇게 안 하고[먼저 안 가고] 학교부터 가라 이러는 성격인데 오죽했으면 이렇게[병원에 갔다 오겠다고] 했겠냐고 유도리 있게 해주셨으면 했는데 그게 아니다"라고 너무 학교, 당신 본 저기[의무]에 충실해서 갖고 그런 일도 있었어요. 승묵이가 ○○이에 비해 그런 스토리가 많았어요.

학교에서 항상 엄마가 오면 초등학교 때 너무 좋아하는 거예요. 애들이 그런 게 있잖아요. 학교[에] 엄마가 오면 되게 기분 좋고, 중요한 일 아니어도. 그런 이유로 될 수 있으면 해줄 수 있는 거 학교 활동은 많이 해주고 또 단체 같은 것도 가입해서 많이 하게끔 [했어요]. [승묵이가] 큰아이다 보니까 제가 그런[잘 못 챙기는] 게 있을까 봐, 활동하는 것도 그렇고 혼자 스스로 독립할 수 있는 그런 것[도] 좀 많이 생기라고, 엄마 떨어져서 여행 가는 것도 그렇게 가라고 그런 기회를 많이 줬거든요.

○○이, 승묵이는 또 제가 얘기를 했는지 안 했는지 모르지만 ○○이가 돌도 안 됐어요. 한 8개월 정도 된 아이를요, 화장실 가는 게 대낮인데도 무서워 갖고 엄마가 주방에서 일을 하는데도 그 말[은] 못 하고 이렇게 기어 다니는 애기를 화장실 문 앞에 두고서 볼일을 볼 정도로 그렇게 겁이 많았어요. 그 말도 못 하는 애기가 뭐가 의지가 됐는지 지딴에는 그렇게 데려다 놓고 화장실 볼일을 보더라구요(웃음). 이쯤에 화장실이 멀리 떨어진 것도 아닌데 그렇게 겁이 많았어요.

그러면서도 조금씩 커가면서 동생이 이제는 사랑을 [많이 받았죠]. 말 그대로 오빠보다 작은아이를, 딸이다 보니까 아빠도 너무 이뻐하고, 아들이[을] 이뻐도 했지만 딸만의 그 있잖아요, 애교 부리고 하는 그런 게 있으니까 오냐오냐 해주다 보니까 밑에 동생들이 보면, 대부분 오빠면 많이 막 이렇게 대들고 하잖아요. 승묵이가 많이 그러면서도[겪으면서도] 때리지를 않았어요, 애기였을 때도 그렇고 커서도 그렇고. 그래서 다른 날, "엄마, 강○○이를 뭐라 좀 해주세요", "왜?", "너무 대들어요" 이래요. 그러면은 제가 그랬어요 "승묵아, 다른 덴 때리지 말고, 엄마가 잠깐이라도 비켜줄 테니까 때릴려면은 엉덩이를 실컷 때려. 다른 덴 때리면 안 돼, 애기" 그렇게 했는데도 못 하더라구요. 그러면서도 잘했고. ○○이도 그래요, 지금에서 얘기하지만 "엄마, 엄마. 우리 오빠는 진짜 진짜 착한 오빠였어", "왜?", "다른 친구들 이야길 들어보면 오빠들이 막 때린대. 우리 오빠는 그런 것도 없어. 우리 오빠는 나 안 때렸잖아 한 번도", "응" 그래 갖고 "오빠들이 엄마가 이렇게 시키면 숙제라도 봐주면 되는데 우리 오빠는 그런 거 다 했잖아".

면담자   ○○이 숙제 도와주고 그랬었어요?

승묵 엄마   예, 컴퓨터 숙제든 수학 숙제든 뭐 있으면, 그림 그리기 숙제 또 있으면 같이 도와주고, [○○이] 혼자 하는 게 아니고. "승묵아, ○○이 이거 못 하겠대. 같이 좀 도와줄래?" 하면은 다 도와주고, "친구들 오빠 얘기 들어보면 하나도 안 도와주고, 그런 것도 없어, 우리 오빠는 진짜 착했어, 엄마". 그렇게 지금에서야 ○○이[가] 얘기해요. "그치, 그전에도 오빠는 진짜 착했지", "맞아, 우리 오빠는 너무 착했어" 이렇게.

　　제가 가게 하면서 많이 돌보지 못할 때도(기침) 승묵이한테 많이 의지하는 편이었거든요. 그러면 와서 지딴에도 놀고는 싶은데 못 놀고, PC방은 가끔 가는 거는 제가 허락은 했었어요. 왜냐면 저희가 컴퓨터가 처음에 나올 때, 모니터를 텔레비전이랑 같이 쓰는 겸용으로 사준 적이 한 번 있어요, 아이들을. 컴퓨터를 그렇게 해서 숙제도 해야 돼서 사줬는데 자기들끼리 게임 용량을 너무 크게 해갖고 본체가 한번 고장이 난 적이 있었어요(기침). 그게 두 번째고, 처음에는 모니터구나 아, 본체가 한번 고장이 나갖고 수리를 해준 적이 있어요. 두 번째는 자기들끼리 서로 하겠다고 건드렸다가 요즘에 텔레비전처럼 모니터 머리는 큰 데 이게 지지하는 게 작으니까 툭 하니까 넘어온 거예요. 그래서 모니터가 고장이 나버렸어요, 아예. 그래서 그 바람에 산 지도 얼마 안 됐는데, 그래 갖고 "고치느니 고치는 값이 더 들겠다" 그래서 아빠가… 제가 "너희들이 이게 엄마가 이걸 치우려고 하는 게 아니라, 없애려고 하는 게 아니라, 너희들에 인해서[너희들이] 이게 필요하다고 해서 사줬는데, 게임으로 인해서 이렇게 고장 내고 했으니까 엄마 안 사줄 거야" 그래서 아예 안 샀어요. 그리고 아빠가 필요하시니까, 아빠가 하시는 일이[에] 필요하시니까 노트북을 가지고 다니셨어요, 아빠가. 그리고 집에 안 두고 다니셨어요. 자기들이 하는 게임 용량을 컴퓨터, 노트북이 못 하잖아요. 어느 한계 수준이 오니까는 못 하더라구요. 그래서 컴퓨터를 사주세요, 사주세요 하는데 제가 안 사줬어요. 승묵이가 나중에는 안 되는지 용돈에서 친구들하고 피시방을 가끔씩 가더라구요. 그거는 이해는 해줬어요, 컴퓨터 땜에. 승묵이가 없고, ○○이가 컴퓨터가 너무 필요하다는 거예요.

그래서 그때 당시에는(한숨) 아, 승묵이한테 너무 미안한 얘기지만 ○○이가 마음에 아파하는 눈길로 인해서 할 수 없이 컴퓨터를 사줬죠. 승묵이도 ○○이도 게임, 친구들하고 하는 거, 그렇게 [컴퓨터가] 있어야지 가서 이야기도 한다 그래서, 그런 걸로 승묵이한테 또 미안해지더라구요. 근데 어떤 면에서는 너무 아이들이, 엄마가 없으니까, 컴퓨터에 [몰두하고] 그런 아이는 아니긴 했는데 아이들이 한 번 두 번 시작을 하다 보면 몰두하게 되잖아요. 게임에서 벗어나질 못하잖아요. 어떤 면에서는 내가 잘했다는 면도 있긴 하는데 지금으로[지금 와서] 생각해서는 조금 마음이 아프죠, 그런 거 제대로 못 해준 게.

3
동생 ○○이

면담자   사고 후에 ○○이한테 오히려 좀 더 잘해야겠다 그런 생각이 드세요?

승묵 엄마   제가 그 일 있고 나서 병원에 4개월 정도 입원하고 나와갖고 승묵, ○○이를 위해서 해야지, 많이 했어요. 몇 개월 동안 제가 밖으로 나오기 전까지 집에 있을 때까지는 ○○이 먹고 싶은 거면 다 해줬어요. 전에도 제가 가게 하기 전에는 거진 음식을 집에서 했다시피, 인스턴트는 잘 안 먹이는 편이었거든요. 그래서 나쁘다는 걸 떠나서, 제가 피부 쪽에도 안 좋고 하니까 그런 걸 잘 안 먹였는데, 제가 어느 정도 활동을 하면서 그게 몸이, 뭐라 그럴까 힘이 고갈이 됐다 그럴까, 지쳐가더라구요. 일이 또 금방 해결되는 것도 아니고, 저희가 한다고 행동을 했지만 이루어지는 건 별로 없구요, 계속 막히잖아요. 그래서 제 마음이 되게 지쳤더라구요.

지금, 이번 주에 가서도 선생님하고 상담을 하고 왔지만 "너무 활동을 너무 많이 하지 말라, 좀 줄여라" 하는데도 그게 안 되더라구요. 그래서 "그걸 ○○이한테 쏟아라", 아빠도 그거예요. 제가 활동을 하니까 아빠가 활동을 좀 줄였다는 게, 아빠 일을 하시면서도 제가 못 하는 부분을 또 ○○이를 위해서. 아빠가 항상 ○○이를 걱정을 해요. 제 걱정을 많이 하지만, 그래서 "항상 같이 있어야 된다". 이번 동거차도에도 "우리 ○○이 누구한테 맡기고 같이 들어갈까요? 들어가는 사람 없으면", "안 돼, 절대로 안 돼. ○○이 땜에 안 되니까. 그냥 있어". 아빠 혼자서 간다고 그래서 들어가신 거였는데, 그런 마음이 생겼는데 지금은, 뭐라 그럴까 제가 그랬잖아요, 감정이 없다 그럴까요. 지금은 머릿속에 그런 거 자체가 안 들어와요. 뭐라 그럴까 마음이 시켜야 되는데요. 요게 앞에 머리에서만 그냥 어, 눈치 보면서 '해줘야지, 우리 ○○이도 아픈 아이지' 그 정도, 그렇게밖에 지금 생각이 안 들어요. 지금도 이야기하는 게 제가 지금 어지러우면서도 멍해요. 그래서 어, 지금 무슨 이야기를 해야 되는데 지금 제가 딴 길로 새고 있죠?

면담자   아니, 괜찮아요.

승묵 엄마   따라서 『약전』 얘길 했는데도 제가 다른 이야기 하고, 막 지금 그러고 있는 거 같애요. 서두 없이 막 이야기하는 거 같고.

면담자   그럼 어머니 활동하실 때는 마음이 좀 편하세요? 그때가 제일 편하세요?

승묵 엄마   힘들어도 편하긴 하죠. 그때 가면은, 내가 하면은, 이렇게라도 하면은 조금이라도, 뭐라 그럴까 이루어지는 것보다 시민분들을 위해서 저희가 더 활동을 하는 거니까. 왜냐하면 도와주는 시민분들은 열심히 하는데 저희 부모들은 안 하게 되면 다 이해는 한다지만, 지쳐서 쉬셔도 된다고 하지만, 그분들도 1년을 넘게 2년 가까이 쉬지 않고 달려와 주신 분들이거든요. 그러다 보니까 현장에 나가면은 활동을 하다 보면 그런 마음이 푹 가라앉죠. 저분들을 보면은 내가 힘을 내야 돼서, 그때는 막 힘들어도, 뭐라 그럴까 더 해야 되겠다는, 집에 돌아와서는 뭐라 그럴까 가라앉으면서 그런 마음이 없어요. 집안일도 치우고 해야 되는데 안 잡히니까 ○○이가 그래서 오죽하면 "엄마 저 먹을 게 없는데 저 먹을 거 좀 해주세요" 이런 소리 해요.

○○이가 아침을 계속 안 먹고 다녔었어요. 제가 슈퍼를 할 때부터는 밥 먹고 가면 화장실 가서 큰일 보기가, 걔가 오전 아침나절에 봐야 되는데 학교 가는 시간하고 맞물리다 보니까 참고 가서 화장실을 가야 되는데 너무 불편하니까. 애기가 [변을] 못 보는 거예요. 그걸 참고 와갖고 집에 와서 보고, 애가 그렇게 너무 힘든 생활을 하니까는 밥을 안 먹고 가더라구요. 그래서 "어떻게 너 클 때는 밥을 많이 먹어야 되는데" 그러면서, 승묵이도 그렇고 ○○이도 그렇고 밥을 안 먹고 가게 돼. 승묵이는 먹고 싶은데 잠을 자고 싶어서. 그래서 아빠가 [가게] 문 열고, 제가 집에 애들 막 깨워갖고 학

교 보내는 날에는 승묵이 신발 신을 때까지 제가 한 숟갈이라도 더 멕이고 싶어서 막 그렇게 떠멕였어요. "너 빨리 신발 신어. 엄마가 먹여줄게" 이렇게 해서래도 보냈거든요. 그래서 어떤 때는 주먹밥, 제가 시간 있을 때는 뭐 김밥을 말아서래도, 쥐어줘 가면서…. 승묵이는 먹어요, 근데 ○○이는 창피해서 안 먹더라고요. 승묵이는 그게 없어요(웃음).

면담자　　　나가면서도(웃음).

승묵 엄마　　어, 가면서도. "엄마 통으로 말아주세요, 친구 거랑 같이", "엄마, 친구도 있으니까", "그래 같이 가면서 먹어" 그래서 가서 주고, 용돈도 승묵이 같은 경우 많이 부족했을 거예요. 제가 1주일에 만 원밖에 안 줬거든요. 고등학생인데도 너무 적죠. "요즘에 뭐 주먹밥 하나 사 먹는데 2000원이야, 엄마" 제가 슈퍼를 하면서 알면서도 그렇게밖에 안 주고, 나중에는 안 되겠어서 "한 달에 엄마, 8만 원만 넣어줄게" 그래서 체크카드를 이렇게 만들어줬어요. 그래서 쓰긴 썼는데 다 쓰고, 승묵이가 알바를 하기 시작했다 그랬잖아요. 2월 28일 날 처음 해갖고 5만 원 벌어 와서 "이제는 엄마가 용돈 딱 8만 원만 주고 그 이상은 안 줘도 되겠지?", "어, 엄마 그래도 돼요" 지가 버는 거 "그걸로 쓸게요" 그러더라구요. "어, 그래" 그것만 하고, 통장은 제가 갖고 있고 카드를 승묵이를 줬죠. 뭐를 쓰나 하고 봤더니 거진 현금을 빼 쓰는 그걸, 그 현금 수수료가 1300원씩이나 들잖아요. "승묵아, 현금은 이렇게 하지[조금씩 꺼내 쓰지] 말고 한 번에 은행에 가서 현금을 빼고서는 지갑에 넣어 났다가 네가 이거는 편의점 같은 데서 뭐 사 먹을 때 그렇게 해[그럴 때 써]". 이 녀석이 뭐를 해서 그런지 친구들이 돈을 꿔달라 그래서 그런지, 아니면 뭐 PC방을 가야 돼서 그런 건지, 그건 모르겠는데 노래방 같은 데 갔을 때도 카드는 안 쓰고 현금 같은 걸 쓰나 보더라구요.

면담자　　　원래 친구들 다 같이 있으면요, 똑같이 내야 되니까 현금으로 내야 되거든요(웃음).

승묵 엄마　　　어, 맞아, 그렇게 하지만. "엄마가 그러면 현금으로 줄까?", "아니에요, 그냥 카드로 주세요". 그래서 보면 현금으로 빼 쓴 거예요. 뭐 이렇게 사 먹고 한 것도 별로 없고. 두 달 정도 그렇게 쓰다가 승묵이가 일이 있었던 거니까. 통장도 못 없애고 그냥 있고, 지금 같은 경우에는 사망신고를 안 했거든요. 못 하겠어요. 그거를 못 보겠더라구요. 그렇게 해서 못 하신 부모님들이 많아요. 나중에 벌금을 내는 한이 있어도 내가 마음 내킬 때 그때 하자고. 왜냐면 그 당시에 막 얼떨결에 해야 된다는 부모님들이 있어 갖고 하신 부모님들도 있어요. 너무 그게 싫다고 하신 부모님들도 있고. 그 통장도 만 얼마밖에 안 들어 있는데 그 통장도 못 없애고 그냥 가지고 있어요.

승묵이가 없는 집에서의 생활

면담자　　집에 방도 그대로 있어요?

승묵 엄마　　아, 그대로 있진 않아요. 그 당시에 승묵이 방 ○○ 이 방 다 나눠갖고 해줬는데. 제가 집 꾸미는 걸 너무 좋아하는데 계절마다 제가 옮길 수 있는 한도에서 가구를 옮겨갖고 배치를 바꿔요. 어느 날은 승묵이랑 같이 한방에 침대를 놓을 때도 있고, 책상은 책상대로 놓을 때 있고, 따로따로 놓을 때도. 그 당시에는 승묵이 침대만 있었어요, 승묵이 방에. 그래서 그 사고 난 이후로 제가 승묵이 방에서 나오질 않으니까, 언니가 제 병원 다니고 하고 할 때 6개월 동안 같이 있어줬어요, 저희 작은언니가. 그래서 언니가 그게 보기 싫다고 "너, 이거 옮겨" 그래 갖고 퇴원하자마자 자리 배치를 또 다시 했었어요. 승묵이 방, 지금 기억저장소에 이렇게 ['아이들의 방' 전시에] 있는 그 책상, 그게 사고 난 이후로 제가 입원, 퇴원하고 나서 옮긴 상태예요.

그래서 책상만 딱 승묵이 방에 그거하고 승묵이 악기 이렇게 논 거, 그거에다가 지금은 다시 승묵, ○○이가 싫다고 그러고. 오빠 방에 있기가 싫대요. 그 당시에는 그래서 제가 다시 옮겨줬어요. 지금 삼촌이랑 같이 생활을 하고 있기 땜에, 삼촌이 가게를 보시거든요. 승묵이가 쓰던 방 침대를 옮겨서 삼촌이 쓰시고 지금은 배치를 좀 많이 바꿔놨죠. 피아노 거실에 놓고, 책상은 저희 큰방에다 놓고, ○○이가 따로 무서워서 못 잔다 그래서 거실에서 아빠랑 셋이 같이 자요, 거실에서 이불 깔고.

그랬더니 요즘에 조금 많이 좋아졌는지 "엄마, 제 방을 좀 주세요" 그래서 "야, 네 방 어떡하니. 창고 방이 돼버렸는데" 그래서 "엄마 빨리 치워서 제 방 좀 주세요". ○○이가 어느 날 갑자기 스티치를 좋아하더라구. 요즘에는 제가 스티치만 보면은 다 이렇게 사다 주는, 스티치에 관한 거는. "저는요 엄마, 제 방 하면은 지금 이제는 스티치로 다 꾸밀 거예요. 침대도 그렇구요. 컴퓨터도 그렇구요. 인형도 커다란 인형도 그렇구요, 제가 다 살 거예요".

그렇게, ○○이가 이렇게 이야기할 정도로 좀, 그걸 보니까 ○○이는 그래도 어느 정도 괜찮기는 한데, 그래도 영락없이 오빠 이야길 잘 안 해요. 제가 가끔가다 "어, 이거 오빠가 좋아하던 건데, 그치? ○○아, 오빠가 잘 먹는 건데, 그치?" 그러면 ○○이가 그냥 어쩔 수 없이 "어, 엄마. 그래 맞아" 이렇게 하는 거 같애서 제가 ○○이의 눈치를 보면서 저도 또한 승묵이 이야기를 잘 안 하게 되더라구요. 그래서 이제 기다리는 거예요. 시간밖에 없다고 그러잖아요. ○○이도 마음을 터놓고 엄마한테 오빠 이야길 많이 할 때까지. 아빠도 그렇고 저도 그렇고 기다리는 중이에요. 선생님은 이야길 하라고 하는데 그게 잘 안 되더라구요.

면담자   ○○이가 사고 전후로 다른 건 없어요? 밤에 잠은 잘 자요?

승묵 엄마 네. 잠은 잘 자요. 요즘 애들이 잠이 많듯이 우리 애들이 잠이 좀 많은 편이에요. 그래서 처음에는 그런 이야길 많이 했어요. 친구들 그런 이야길 많이 하나 봐요. 자기 딴에들[는] 뭐 이렇게 보는 거, 귀신 보는 거, 타로 점 같은 그런 거를 아이들이 하나 봐요. 그래서 그런대요. "네 주위에 오빠가 있어" 그니까 "귀신이 무서운 게 아니야". 그전에 영화를 봤는데 너무 무서워해 갖고 싫어하거든요. 그런데 "엄마, 우리 오빠가 옆에 있을 수도 있대", ○○이가 와서 "엄마, 오빠가 옆에 있대. 그러니까 걱정 마. 오빠는 항상 우리하고 같이 있어, 엄마" 그리고 어느 날 갑자기 오더니 친구가 막 [타로점 같은] 그걸 해준다고 그랬대요. 그러면서 봤더니 "야, 네 옆에 경빈이 오빠가 있대", 친구가 그러더래요. ○○이는 경빈이 오빠 이야긴 들었어도 경빈이까진 생각을 안 했는데 경빈이 오빠가 있다고 하더래요, 우리 오빠가 아니고. 그래서 경빈 엄마한테 그 이야길 해줬더니, "왜, 또 경빈이야? ○○이가 경빈이를 본 적이 없을 텐데". 그다지 많이 본 적은 없거든요. 집에 왔을 때 한 번이나 두 번 봤을까.

그랬다고 하면서 막 그 얘기를 하는데, ○○이가 너무 신나 하는 거예요. "엄마, 우리 오빠도 있대, 옆에. 그러니까 엄마 걱정 마" 그러더니 그때는 되게 힘들어했어요. 막 화장실 가는 것도 "엄마, 빨리 오세요. 문 앞에 있으세요". 힘들어했어요, 화장실 들어가서 하는 거를 많이 힘들어하고. 아이들이 불을 절약한다고 끄는 습관이 있었거든요. 근데 그 당시에는 불이란 불은 온 방에 다 켜야지만 있을 정도로. 그리고 제가 병원에 있을 때마다 한두 달간을요, 애기가 치킨, 족발만 그렇게 먹는 거예요. 매일같이 아니면 이틀에 한 번씩 그게 너무 걱정이 돼갖구요. 그때가 ○○이가 중학교 막 입학 했을 때였으니까 사춘기라 왕성해서 먹나 보다라고 [생각]했더니, 선생님한테도 혹시 몰라 "스트레스로 인해서 그런 건가요?" 그랬더니, 지켜보자고 그러더니 두 달을 그렇게 먹더라구요. 아빠가 현금으로 사 온 것도 있고 카드로 이렇게 해서 명세서를 보니까 카드로만 해온 것만 해도 20마리가 되는 거예요. 카드만이라도 한 달 명세표에. '어마어마하게 먹었구나, ○○이가'. 그래서 걱정을 많이 했는데, 두 달 정도 있다가는 좀 그런 거에 자제하더라구요.

5

○○이의 일상생활

면담자   그때 체중도 늘거나 그랬어요?

승묵 엄마   그런 거는 없었어요, 체중은. 선생님이 "지켜보자 키 클 때니까" 그래서 염려는 안 했는데 한동안 그러더니 지금은 괜찮아요. ○○이가 피자는 별로 안 좋아해도 치킨, 족발, 닭발, 곱창 이런 걸 되게 좋아해요. 승묵이는 안 먹거든요. 곱창, 닭발 이런 걸 안 먹어요. 혐오스럽다 그럴까, 승묵이 말마따나. 그러면 ○○이가 곱창을 너무 먹고 싶어 하는데(웃음) 못 가면 [안 되니까], 가서 승묵이는 삼겹살[을] 따로 시켜서 삼겹살[을] 구워서 주고 [그러면 그거 먹고 곱창은] 안 먹어요, 입에를 대지를 않아요. 냄새 나거나 이런 거를 안 먹어요. 그래서 꽃게 같은 것도 "어, 엄마 꽃게찜 해줬을 때 그때가 맛있어. 그때는 비린내 안 나고 맛있어. 그거 해주세요" 이렇게 할 정도로, 찜 하거나 꽃게 요리 잘못하면 비린내 나면 절대 입에 안 대요.

면담자   입맛은 ○○이보다 승묵이가 조금 더 까다로웠나 봐요.

승묵 엄마   그러니까 해물 종류로 승묵이가 조금 까탈스러웠어요. 된장찌개에 멸치만 살짝 우려내도 그거를 알아요, 맛을. 된장인데도 그게 향이 강하잖아요. "엄마, 멸치 들어갔죠?", "야, 멸치 다 건져내고 국물이야. 그냥 먹어". 반찬 투정은 그다지 많이 하는 편은 아닌데 그런 거에 좀 예민했어요. ○○이는 가리는 거 없이, 걔는 뭐 육회도 먹고 회도 잘 먹고, 승묵이는 육회도 그렇고, 안 익은 거 그런 거에 조금.

신랑이 그전에는 회 종류, 안 익은 거를 안 먹었대요. 결혼을 해서 저희 처가에 오면 그런 거를 즐겨하니까 안 먹을 수가 없잖아요. 그때부터 배우기 시작을 해서 아빠가 먹기 시작했다고 하더라구요. 근데 닭발이며 곱창이며 이런 거는 제가 또 안 먹었어요. 저희 집 쪽으로는 그런 부속 내장 쪽은 또 안 먹어버릇해 갖고 저희는 안 먹었는데, 신랑 쪽은 그런 거는 어머니가 잘해주셔서 선짓국도 그렇고 곱창도 그렇고 닭발 같은 거 어머니가 집에서 잘해주셨대요. 그래서 그걸 먹는데 의외로 저희는 그런 걸 안 먹었거든요. 천안이긴 한데 병천 순대도 유명하잖아요. 근데도 저도 잘 안 먹었거든요. 그래서 커서 먹기 시작을 해서 조금씩, 결혼해서 아기를 가지니까 입맛이 막 바뀌어갖고 그때부터 저도 가리는 거 없이 먹긴 했는데 저도 가리는 건 없었는데 그런 거는 안 먹었어요. 막 혐오스러운 거는 안 먹었어, 솔직히(웃음). 그런 건 잘 안 먹었어요.

면담자　　　아이들이 부모님 식성을 조금씩 닮는 건가 봐요.

승묵 엄마　　아, 그런가 봐요. "이 부분은 엄마 닮고 이 부분은 아빠 닮아서 그렇지. 누구를 닮아 엄마, 아빠한테 태어났는데" 그런 식으로 이야기하고 그랬거든요. ○○이는 그렇게 해갖구서는 잘 지나가고 요즘에는 또 친구들하고 너무 잘 지내는 거 보니까는 너무 좋더라구요. 승묵이도 그렇고 ○○이도 그렇고 친구들하고 사귀고 이렇게 하는 건 되게 좋아하니까요. 항상 제가 배려부터 하라고 그렇게 이야기해 준 게 어떤 때는 좀 미안하더라구요, ○○이한테 요즘에는. 친구를 많이 배려하라고 해. 그런데 친구가 속상하게 하는데도 그렇게 나쁜 말을 못 하는 거예요. 나쁜 말을 못 해요. 아픈 말을 못 하더라구요.

　　요즘에는 승묵이 일을 겪고 나서 ○○이한테 좀 강하게 이야길 하죠. "○○아, 엄마가 전에는 그렇게 가르쳤는데 배려도 중요하지만 따라서는[때로는] 친구한테 '싫다'라는 표현은 해줘, 네가. 확실하게 해줘. 친구 마음 아파할까 봐 네 말을 [못 하고 대신] 네가 마음 아파하고 스트레스받지 말고". 요번에 친구가 그런 일 있어요. ○○이 스티치를 좋아한다했잖아요. 필통을 사줬어요, 제가. 의외로 비싸요(웃음). 근데 친구가 ○○이가 되게 소중하게 아끼는 그건데 얼굴에다가 낙서를 다 해놨더래요, 볼펜[으로]. 갖구 와서 보여주는데 세상에 볼펜으로 막 다 낙서를 한 거예요. 그래 갖고 제가 "어떤 기집애야?" 내가 이렇게 이야기를 했어요. ○○이한테 제가 이렇게 표현을 잘 안 했는데, "어떤 지지배야?" 제가 막 이랬어요. 그랬더니 이야기를 해요. 그래서 막 스트레스… "○○아 그러면은 걔가 상처받을 것도 있지만, 친구한테 그렇게 얘기해 줘. 이거는, 내가 너를 좋아하고 사랑하는 친구이지만 내가 소중히 아끼는 거에다가 낙서하는 거는 싫다" 그렇게 이야기를 해줘. "그러니까 내가 소중히 여기는 데다 이렇게 하지 마" 분명히 이야기해 줘. 그렇게 했더니, "알았다"고 했는데 말은 못 했더라구요. 그 친구 땜에 좀 스트레스를 받는데, 너무 그 친구를 마음에 이렇게 [두긴] 하지만 "잠깐 스치는 친구라고 생각해"[라고 하지요] 저는.

전에는 그렇게 안 가르쳤는데 지금은 ○○이가 너무 아파하니깐요. 오죽했으면 스트레스받아서 여드름이 확 올라왔어요. ○○이가 지금 여드름이 한참 줄어들 찰난데 이게 확 올라와 갖고 거기에 또 스트레스를 받는 거예요, 애가. 그래 갖고 안 되겠다 싶어서 제가 피부과를 잘 안 데리고 다니는 편이에요. 승묵이때도 그랬지만 승묵이도 안 갈려고 했었고, ○○이도 싫다 하고. 오죽했으면 피부과를 데리고 갔더니 선생님이 확실하게 그렇게 이야길 해주더라구요. "선생님은 피부과 전문이지만 여드름 치료하는 걸 별로 권해주지 않는다"고. "왜냐하면 만약에 피부과를 가더라도 저는 안 합니다. 요 주위에는 가지 마세요. 전문의한테 가시라고 그렇게 권해드리는데 전문의한테 가도 여드름이 저기 하지[덧나지] 않게끔 관리를 해주는 거뿐이지, 이거는 그 시기이기 때문에 어쩔 수 없다"고. 그러면서 오늘만은 처방을 [해준다고]. 왜냐하면 항생제는 다 임시 치료제니까. 그때만 딱 선생님[께 가서] 치료를 해주고 ○○이한테 딱 이야길 했죠. "선생님 말씀이 엄마 말이랑 같지?", "그러네요" 그러더라구. "이번 약 먹고 더 이상은 아니야", "예" 그러더니 약 먹고 약 바르고 하니까 금방 낫잖아요. 그래서 지금은 조금 괜찮아요.

또 착한 친구들이 많이 또 있다 보니까, ○○이 마음에 상처를 입었잖아요. 그런 사고도 있고 하니까 친구들이 많이 배려도 하고 다독여 주고 그렇게 해주니까, ○○이가 이사를 안 가고 싶어 하고 오빠하고 같이 정든 집이라고 안 가고, 친구들이 너무 좋다 보니까 안 가고 싶대요. 그래서 지금은 좀 기다리고 있는 상황이에요. 강요는 안 하니까. 〈비공개〉

면담자　　　(웃음) 그 나이 때는 그렇죠. 점점 부모님하고는 멀어져 가고.

승묵 엄마　　　그 친구, 마음에 맞는 친구예요. 지들이 계획을 세웠

대요, 나중에 자기들은 졸업을 하고도 한집에서 같이 살기로(웃음). 한참 학창시절에 그럴 때잖아요. 저도 그런 게 있었기 때문에 이해는 해요. 뭐라 하진 않는데, 그래도 걱정스럽죠. 그쪽도 부모님이 두 분 다 일을 하시다 보니까 남매만 두고 나가시는 거예요. 그니까 ○○이가 그 친구네 가서 또 많이 있고, 학교하고 가까우니까. 또 어떤 때는 아빠 믿고 10시까지 있어요. "뭐 해?", "숙제해요. 아빠보고 데리러 오라고 할려고 했는데요" 이러구서는 "왜 안 와?" 전화를 하는데 안 오는 날은 친구하고 노는 날이에요, 항상. ××이라고 있어요.

면담자   그 생일선물 준 친구?

승묵 엄마   그 친구하고 같이 "그래" 그러면은 놀고. 그래서 또 ××이하고 같이 갔을 때, 옷 사러 갔을 때 따라오더라구요. ○○이만 사주기 뭐해서 ××이도 하나 사주고 그런 식으로. 둘이 또 자기들 마음 터놓고. "엄마 ××이하고 ××가 편해졌나 봐. 앞에서 방귀도 뀌고 트림도 하고" 서로, 서로 그런대요(웃음). "왜? 친구들 앞에서 안 해?", "엄마 어려워서 못 해. 근데 지들 깐에는 편해졌는지 ××이도 그렇고 ××도 그렇고 내 앞에서 편안한가 봐, 방귀도 뀌고 다 해" 그러면서 이야기하고 그러거든요.

　　○○이도 그렇고 승묵이처럼 친구들하고 있었던 이야기 저한테 다 털어놓는 편이었거든요. 승묵이도 그렇고 제가 지내온 경험 상황에서 이야길 해줄 수 있는 그런 거 이야기해 주는 편이었거든

요. 그래도 잘 지내고 그 이후로는 상담을 학교에서도 안 하더라구요, ○○이 안 받겠다고. 그래서 지금 뭐 그런 거 빼고는, 오빠 얘기 안 하는 거 빼고는 그래도 잘 지내고 있어요. 씩씩하게, 항상 밝게. 다들 그래요, "웃는 게 이쁘다"고. 우리 애들은 웃는 게 이뻤어요. 제 자식 고슴도치 자랑(웃음)[이지만] 착했어요. 뭐라 그럴까 말썽 한 번 안 피웠거든요. 말 그대로 엄마들이 학교 불려 갈 정도의 말썽이거나 엄마를 힘들게 하는 그런 저기[문제]는 없었어요. 그래서 더 가슴이 아파요. 그런 애들이기 때문에.

6
참사 이전 학교 활동 참여

면담자   승묵이가 첫째니까 학교에서 운영위원이나 어릴 때 녹색어머니회 이런 활동 하셨어요?

승묵 엄마   네. 그니까 학부모 대표까지는 안 하구요. 녹색어머니하고 학교에 보탬이 될 수 있는 거, 청소라든지 급식이라든지 그런 거는 다 활동을 했죠. 나중에 학년 올라갔을 때 대표 없으면 부대표까지는 맡아요. 정 할 사람이 없다면은 그렇게 해주고. 가게 하면서까지 아이들 초등학교, 두 아이들 다 녹색엄마는 다 해줬어요. 그날은 아빠가 일이[을] 조정을 할 수 있으니까는, 아빠 하시는 일이. "이날은 녹색 엄마 활동하는 날이에요. 이날은 좀 일 늦게 잡아주세요". 아침에 아이들 등교시간에만 하면 되는 거니까 그 시간에 가서 해주고, 그랬다고 1년 내내 하는 것도 아니구요. 참여하는 엄마들이 많으면은 뭐 3개월에 한 번, 2개월에 한 번 이런 식으로 하니까. 그것도 3일씩만 딱 해주면은 몇 개월 있다 또 하는 거니까. 그런 거는 충분히 해줬거든요.

그리고 아이들 간식 개별적으로 넣어주고 싶을 때는 간식 같은 것도 많이 넣어주고. 체육대회 같은 경우에도 그렇고, 그런 거 많이 했죠. 특별히 엄마 학부모회, 운영위원회 들어가서 활동하는 건 아니었어도 그런 건 다 했어요. 체육대회도 아빠는 주야간을 그때 하셨기 때문에 출근하시는 경우가 있어 갖고, 승묵이 때 잠깐 와갖고 보고 가고. 함께 같이는 못 있어주고 그럴 경우, 엄마들이 다 같이 그때그때 또래들이 같이 있었기 때문에, 한꺼번에 자리 차지하고 앉아갖고 같이 도시락 싸가지고 와서 같이 먹고. 아이도 좋아하고, 다 똑같이 용돈 주면 같이 가서 솜사탕 사 먹고 자기들이 사고 싶은 장난감 사고 그런 재미잖아요. 그렇게 ○○이 졸업할 때까지 그렇게 했던 거 같애요. ○○이 졸업 때는 다 위에 언니들이어서 졸업을 해갖고 나중에는 ○○이만 2년 동안.

면담자   아이들이 터울이 조금 있어서요?

승묵 엄마   다들 그렇게 졸업을 하고 나서 ○○이만 이렇게 했던 기억도 있고. 다 학교 금방 끝나면 또 고기, 고기[근처] 학교니까 놀러오고, 아이들이 중학생일 때는. 그런 적도 있고 뭐 그랬죠. 그런 거 아이들 키울 때는 너무너무 행복했어요. 어렸을 때도 우리 모이는 엄마들이 있지만, 승묵이 18개월 때 만난 엄마들이 지금 18 년 동안, 19년 동안 만남을 이어가고 있지만, 그 엄마들도 다 만나 면서 그래요. "우리는 진짜 아이들 힘들이지 않고 너무너무 잘 키 워서, 그리고 그 동네에서 키워서 너무너무 잘 키운 거 같애. 그게 보람 있어" 지금 엄마들이 그 얘기 해요. 그때 우리 아이들 그렇게 키운 게 너무너무 감사하고 좋다고. 지금은 다들 그 동네에서 조금 씩 이사를 가갖고, 만남은 있어도 이사들은 다 가서 한동네에서는 같이 이렇게 안 해도[살지는 않아도] 자주 봤었거든요. 제가 이 일 있 고 나서부터는 엄마들을 못 뵈러 가죠. 왜냐하면 엄마들 보면서 제 가 이야기하는 것도 그렇고, 엄마들이 저를 보면서 또 이야길 하는 것도 가려서 하는 부분, 그런 게 티가 나니까.

면담자　　아이들 이야기하고 그럴 때요?

승묵 엄마　　음… 조심스러워하니까 너무 미안한 거예요, 가슴 아파하고. 그러니까는 안 가게 되더라구요. 전에는 활동을 하면서 '정 안 되겠다. 언니들을 한번 만나야겠다'. 한번은 만나서 밥은 먹 었는데 또 그 이후로는 못 만나겠더라구요. 다달이 10만 원씩 내갖 고 목돈을 좀 만드는 우리 여섯 명이거든요. 저는 참여를 못 하니 까 아는 엄마를 통해서 보내고 또 그렇게 왔다 갔다 하고, 또 회비 모아서 경조사비로 우리는 하거든요. 다 승묵이 때도 그렇게 해줬 고, 엄마들이 언니 일 있을 때도. 근데 저는 저 마음 아프다고 또

151
•
3회차

그 언니들 집안에 큰일 있었는데 또 못 가봐 주고, 그런 게 지금으로서 미안해요. 근데 같이 아는 엄마들이 "우리 나중에 언니, 그때 인사해도 [안] 늦지 않을까?"라는 말에 "그렇게 하자" 하고 지금은 그러고 있죠.

말 그대로 지금 같은 경우에는 인사를 하고 싶어도 마음이 안 드는[내키는] 거예요. 머리에서는 '아, 인사를 해야지' 고마웠던 분들에게 조금이나마. "다 괜찮아" 다 그래요. 선생님이 "마음 추스르는 것만 해도 고마워, 나와주는 것만 해도 고마워" 우리는 그게 인사야. "다른 거는 신경 쓰지 말고 생각 말고 추스르고 활동하는 모습만 보여줘" 이렇게 말을 주위에서 많이 하는데 저는 또 그게 받은 입장에서는 그게 아니잖아요. 그러다 보니까 마음이 이것저것 무겁죠. 그래서 얼굴을 보고서는 만나서 [인사를] 해야 되는데 아직까지 그런 용기는 안 나더라구요. 승묵이하고 많이 활동했던 저쪽 고잔동 쪽으로는 제가 잘 안 걸어요. 그래서 병원 진료 받으면서 선부동 이쪽에서 일을 봐요. 왜냐하면 제가 아는 엄마들이 덜 있고 부딪히는 상황이 덜 생기게끔 그렇게.

7
삼일마트에 붙은 쪽지들

면담자   제가 어머니 뵙기 전에 승묵이 자료들 좀 찾아보니까 진짜 많이 나오는 거예요.

승묵 엄마   아, 그래요?

면담자   어머니 슈퍼에서 쪽지 쓰셨던 거 때문에.

승묵 엄마   음, 음, 음.

면담자   저도 그때 당시 기사를 봤고, 많은 사람들이 감동도 많이 받았던 거 같던데.

승묵 엄마   제가 거기서 몇 년을 안 했지만 그래도 아이들한테도 그랬고 주민분들한테 잘했나 봐요. 나쁘겐 안 살았나 보다…. 저도 그 소식 보고, 그런 거를 뒤늦게 언니한테 듣고 접하진 않았어요. 너무 가슴 아프니까. "야, 거기 주민분들이" 동생도 그렇고 "아이들이 이렇게 이렇게 해서 셔터 문에다 많은 [사람들이] 승묵이 돌아오라고, 좋은 말 써서 많이 붙여놓고 갔다"고 언니가 보여주더라구요. 그래도 고맙더라구요. 그 앞에가 초등학교예요(울먹임). 그래서 그런 게 있구나. 맞아요. 이풍 작가님이 동화작가시거든요. 그걸 몰랐는데 나중에 알았어요. '슈퍼마켓[집] 아이의 꿈' 해갖고 선생님이 책 같이 낼 때 이렇게 써주셨더라구요, 승묵이에 대해서, 고맙다고. "어머니 책자 갖고 있냐"고, "없다"고 하니까 보내주시기도 하고. 저번에 담양 갈 때 같이 갔다고 그랬거든요, 이풍 작가님이랑.

면담자   어머니도 그래서 인사 글을 써서 붙여주셨잖아요.

승묵 엄마   어, 그거. 아빠가 그렇게 글 써주자고 그렇기도 하고 승묵이 같이 자랐던 친구들이 그렇게 써서 갖다 붙여주고. D라고 있어요. 전에 한 연립에 살 때 위 아래층에 살았거든. 몰랐는데 중학교든 고등학교든 D가 그러더라구요. 자기 힘든 이야기가 있거나 그러면 승묵이한테 이야길 해서 승묵이가 잘 들어줬다고, 많이 그래서 가슴 아파해 줬거든요. 다른 친구들도 마찬가지지만, D가 많이 해줬다고 하더라구요. 가서 글귀도 붙여주고 그런 이유로 그렇게 많이 붙게 됐다고 하더라구요.

승묵이 보낼 때(울먹임) 상자에다 다 떼갖고 같이 보내줬거든요. 그래서 음…(울음) 보내줬으니까 말 그대로 행복할 거예요. 이런 말 자체도 제가 안 꺼냈었거든요. 왜냐면 지금은 그래도 좀 지났다고 그런 단어를 쓰긴 하는데, 그전에는 아무 의미가 없었거든요. 제 옆에 있어야지만이 그게 다라고 생각하고, 엄마들이 그렇게 아이들 사진 앞에서도 이야기를 잘하더라구요. 엄마들은 친구들하고 잘 있으라고, 저는 그런 말조차 못 해줬거든요. 그래서 지금도 그래요. 이제서야 글에다가 조금씩 쓰기 시작하고 이제 말이 조금씩 나와요. 승묵이가 있는 추모관에 몇 번 안 갔어요. 열 손가락에 꼽을 정도니까. 아무 의미가 없다고. 거기 가봐야 승묵이가 있는 게 아니라는 생각밖에 안 드니까. 승묵이한테 음, 지금에서야 미안하지만 그 당시에는 의미가 없더라구요. 가봐야 없으니까.

그래서 ○○이도 그래요. 안 가는 이유가 "엄마, 집에도 사진 있으니까, 우리 집에도 오빠가 있잖아. 꼭, 거기 간다고 오빠가 있는 게 아니고 우리 집에도 있으니까, 괜찮아" [하고] 다독이고 하거든요. 그때도 동네 주민분들도 그렇고 어린 아이들한테도 그렇고 너무 고맙더라구요. 그렇게 글을 써서 또 무사히 귀환하라고 또 그렇게 글을 적어주고, 그렇지 못했다고 하니까 또 그 나름대로의 글을 써주셨다고 하더라고요. 감사했어요.

면담자   그 쪽지는 승묵이….

승묵 엄마   보낼 때 같이 태워 보냈어요.

면담자   어머니하고 아버님이 쓰신 편지도 알려져 있던데?

승묵 엄마   그거는 잘 모르겠어요. 그 당시에는 제가 병원에 있어서, 신경 쓸 저기가 아니어 갖고 어떻게 됐는지, 그거 지금도 안 물어봤네요.

면담자   아버지가 글 붙여주신 분들한테 감사하다고 하신 거지요?

승묵 엄마   네, 맞아요. "그 글귀를 어떻게 쓸까?" 이런 말을 했던 거 같애요. 그래서 감사하다고 그렇게 써달라고 해서 그렇게 썼던 거 같애요.

면담자   어머니는 몸이 많이 안 좋으셨나 봐요.

승묵 엄마   네, 안 좋은 상태였어요.

면담자   제가 두 번 어머니 뵙고 나서, 그때가 승묵이 보내셨을 시점인데, 힘드셨을 거 같은데 기사에는 편지 관련 내용이 워낙 많이 나오니까 어머니가 어떻게 쓰셨나 생각했어요.

승묵 엄마　　아, 그때는 그런 상황이 아니었어요. 글씨조차도 그렇고 뭐든 그렇고, 핸드폰 자체도 받기 싫었고, 문자 주는 것도 그렇고 다 그때는 다 두절된 상태였으니까. 부모님도 안 만났어요. 지금도 양쪽 부모님들 다 못 뵙고 있어요. 저만 보면 계속 우시니까. 당신들도 안 그런다고 하는데도, 뭐라 그럴까 죄 짓는 거 같기만 하고. 그래서 잘 못 뵙고 있어요. 죄송한 일이지만.

면담자　　승묵이 지금 평택에 있잖아요? 더 가까운 데 두실 생각은 안 하셨어요?

승묵 엄마　　아, 그 당시에는 아빠가 그러시더라구요. 추모관 한빛인가 햇빛인가[하늘공원] 여기로 가라고 그쪽에서는 그러더라고, 권유를 하더라구요. 어떤 분이 와서 그 말씀을 하시더라구요. 세 곳에 있는데 효원하고, 승묵이 간 곳하고, 또 여기 안산에 있는 곳하고 세 가지를 이야기하는데, 저한테도 아빠가 이야기하더라구요. 한빛[하늘]공원 같은 데는 다 차단을 한 대요, 아이들 유골함을 볼 수 없게끔. 그리고 밖에 있고. 그리고 효원 같은 경우에는 이야기를 안 해주셨어요. 효원은 잘 못 들었던 거 같애요. 그리고 평택에 이야길 해서 "그럼 나는 답답한 거 싫다, 우리 승묵이가 무서움도 너무 많았고 그러니까 우리는 그리 가자" 그래서 그리 가게 된 거죠.

　　뭐 가까이 두고 이런 거는 생각도 못 했구요. 갔다가 추모관 세우면은 금방 가지고 오기로 한 거여서 그 당시에는 그랬거든요, 추모관. "임시로 그렇게 있다가 아이들 한곳으로 금방 올 거다"라는 이야기에 "그러면은 올 거 봐서래도 밝은 곳에 있다가 왔으면 좋겠다" 그래 갖고 그렇게 가게 된 건데요. 이렇게 길게 될 줄은 상상도 못 했던 거죠. 그래서 저희가 그래요. '맨날 진도에서 있을 때부터도 계속 우리가 그 말에 속아왔는데도, 바보들같이 또 이 말에도 속아서 이렇게 됐구나'라는 그런 게 있어요. 그래서 한빛, 꽃빛[하늘]인가 있는 부모님들은 더 마음 아파하시죠. 말 그대로 금방 다 옮길 거라고.

　왜냐하면 그 얘길 들었거든요. 그해 여름에, 14년도 여름에 장마 왔을 때 거기는 [물이] 샜다고. 그래서 위에 가림막 천막을 갖다 쳤다고 그런 말이 있더라구요. 그러니까 얼마나 가슴 아파요. 아팠잖아요, 다. 그렇게 보낸 것도 가슴 아프고 했는데 가서까지 그러니까. "나는 그게 싫다" 그래 갖고 그리 가게 됐죠. 너무 겁이 많아서 어두운 것도 싫어하고, 그렇게 하자 그래서 그때 또 우리 반 오천이가 첫날 나왔었다나 그랬더라구요. 저는 그걸 몰랐었거든요. 오천이가 거기 있다고 그러더라구요. 그래서 오천이 바로 옆에 두게 된 거였죠.

담임선생님

면담자   담임선생님⋯ 나오셨던 거는 언제 알게 되셨어요?

승묵 엄마   몰랐어요. 모르고 승묵이 일 치르고 들었던 거 같애요. 일 치르고 엄마들한테 [들었어요]. "그 선생님 혹시 여기 안 왔어?" 그러더라구, 한 엄마가. "어, 선생님을 여기서 왜 찾아? 선생님은 아이들하고 같이 있었던 거 아니야?" 저는 그렇게 생각[했지요], "아니래요, 언니. 살아 나와 갖고 그 선생님이 조문하러 다닌대, 아이들을". 그런 얘기도 있고 그랬었거든요. 그때 알았어요. 저는 선생님이 그때 '아이들하고 같이 꼭 손잡고 있겠지' 마음으로 믿었었기 때문에, 선생님이 그렇게 나왔다는 거조차도 그때 알았으니까 듣지도 못했죠. 그때 알았어요. 선생님 두 분이 살아 나오셨다. 교감선생님 같은 경우에는 그쪽에서 이야길 해서 안 좋은 일 있었으니까. 그걸로 기사를 통해서 저 또한 듣기는 했는데, 선생님들 이야기는 승묵이 다 치르고 알았어요.

면담자   만나보신 적은 없으세요?

승묵 엄마   한 번도 없구요. 전화할려고도 하는 그런 마음도 없었구요. 왜냐하면 솔직하게 야속은 해요. 당신도 한 생명이니까 그렇게 살아 나온 건 감사하긴 한데 한편으로 야속한 게(울음) 어디 여행 가거나 하면 부모 대신으로 가는 거잖아요. 그니까 뭐라 그럴까(울음) 미움보다도요. 그냥 이해는 해요, 이해는 해요. 그 선생님 같은 경우에도 어린 마음이잖아요. 어린 사람이었잖아요. 나이 많은 선생님들도 그랬는데, 그 선생님도 얼마나 무서웠겠어요. 한편으로는 말 그대로, 배에 들어가란 소리 않고 갑판 위에 있으라고나 했으면 당신들은 갑판 위에 있다가 나왔으니까, 한 통의 카톡이라도 해줬으면. 엄마들 말로는 그렇더라구요, 한 통의 문자만이라도 줬으면 아이들이 많이 살아나지 않았을까. 근데 엄마들은 '밉다' 막 그런 것도 있지만요, 저도 한편으로 그런 것도 있더라구요, 조금.

아니면 지금에서는 제가 활동을 하면서 분노가 생기니까요, 그런 것도 있더라구요. 한편으로는 또 미움도 있다가 한편으로는 아픔도 있다가요. 음, 그래요. 엄마들은 조금 안 좋은 소리를 하긴 하는데 그래도 저도 그렇더라구요. 활동하다 보니까 그런 생각도 들더라구요. 선생님도 지금 아프고 마음을 추스르는 단계일 테지만 그래도 그때 상황이 있잖아요. 무슨 지시가 있었든지, 아니면 선생님들만의 행동은 아니고 위에 지시가 있었고, 그 안에 있었던 내용을 와서 좀 이야길 해줬으면…. 교감선생님이 계시면 이야기를 해주시면 좋았지만 그건 아니잖아요. 그러니까 살아 계신 선생님들만이래도 그런 진실된 말, 그 상황에 대해서 진실을 이야기해 주셨으면…. 그런 게 있더라구요. 저 개인적으로 와서 하는 게 아니라, 우리 부모님들이 지금 진실을 밝히려고 또 많이 하잖아요. 아, 잠깐만요 저희가 조금 힘들어서… 조금만요. (소리 내어 오열)

미안해요. 미안해요(울음). 그래서 진실[을] 좀 밝히는 데 가까웠으면[역할을 했으면] 그런 바람이죠 뭐. 제가 조금, 뭐라 그럴까 11월 달에 좀 힘들었네요, 계속 비도 오고. 신랑한텐 얘기 안 하고 선생님한테만 얘길 하지만 '아, 내가 이러면서까지 내가 살아야 되나' 싶을 정도거든요. 그런 마음까지 가지는 상태였으니까. 아, 지금 조금 멍하게 어지럽네.

면담자   어머니 바람 좀 쐬고 오시겠어요, 아니면 끝낼까요?

승묵 엄마   아니요. 아니, 아니.

면담자   괜찮으세요?

승묵 엄마   빨리 끝났으면 좋겠어요. 그냥, 그랬으면 좋겠어요. 그래서 진실 밝히는 데 한 발 한 발 우리가 다가갔으면 좋겠는데, 할 때마다 부딪히고 힘든 상황이 되니까. 그래서 오래갈 싸움이란 건 알지만 그래도 제가 나이 먹고, 지금 5·18 어머니들도 그렇게 해왔듯이 저 또한 그렇게 할 거예요. 그 사람들은 교통사고처럼 단순사고라고 하는데, 저희 아들, 아이들은 그게 아니거든요. 말 그대로 이런 말 쓰기도 싫지만 비유를 하자면, 그렇게 교통사고처럼 나서 말 그대로 고통 없이 저기 했다면[떠났다면] 모르겠는데요, 이거는 아니었잖아요. 말 그대로, 저는 학살이라고 생각하거든요. 그 1시간, 어, 그 시간 내내 애들이 얼마나 무섭고 떨고 힘들었을까, 그런 상태에서 갔다는 자체가 너무 그게 마음이 아프고 가슴이 아프고, 제일 힘들어요(울음).

그래서 승묵이, 승묵이 아빠가 안산에 올라오기 전에 항상 제가 승묵이 생각하면 그때 얼굴이 항상 떠올라요. 그때가 생각이 나고요. 저 또한 차를 타고 다니면서 힘든 게, 말 그대로 폐쇄[폐소]공포증이라고 하는데, 단절된 곳에 사고 났을 때는 승묵이가 그때는 막 떠올라요. '그때 아이들은 얼마나 답답했을까'라는 그 무서움에 제가 그래서 차를 못 타고 다니고 계속 걸어, 걸어다녔, 많이 걸어다녔거든요. 그래도 지금은 계속 활동하면서 치료도 받고, 그나마 빨리 우리 신랑이 치료를 선택을 해서 받은 게 감사하기는 한데. 그래도 많이 극복해 갖고 지금은 그래도 5, 6시간 장거리는 아니어도, 그래도 2시간 넘는 3시간 벗어나는 지역까지는 그래도 괜찮더라구요. 지금 활동을 하고 있고.

면담자   한도병원에 입원하고 계실 때 아버님하고 언니분이 주로 계셨어요?

승묵 엄마   네, 네. ○○이도 계속 학교를 가야 되니까 언니가 집하고 병원을 왔다 갔다 하기는 했는데 언니도 너무 힘들었죠. 신랑이 집에 없을 때 그때 당시에는 국회든 청운동이든 엄청 활동이 많았잖아요. 그러다 보니까 아빠가 못 들어올 때 그때는 ○○이도 같이 병원에서 같이 생활을 했어요. 밑에 매트 깔고 거기서 자고 같이 생활을 했으니까. 그리고 신랑도 갔다 오면 맨날 응급실 가서 주사 맞고 끙끙 앓으면서도 그렇게 다녔으니까요. 갔다 오면 그래도 제가 병원에 있는 그 저기라서 아빠는 응급실 가갖고 그래도 주사 맞고 오고, 힘든데도 곧이곧대로 안 갈려고 하더라구요. 가서 주사 맞고 오라고 하고, 그렇게 해갖고 그나마 버티면서 다녔던 거 같애요.

면담자   어머니, 조금 더 하고 오늘 그냥 마칠까요? 저 다음 주에도 다시 올까요? 어떤 게 더 나으세요? 지금, 그냥 끝내고 저 다음 주에 한 번 더 올까요?

승묵 엄마   네, 네, 네.

면담자   그럼 어머니 오늘 그만하고 다음 주에 제가 다시 또 올게요.

4회차

2015년 12월 4일

....

1 시작 인사말

2 공방 활동

3 사고 이전 반 부대표 활동, 사고 후 4반 활동

4 활동을 위한 공부

5 밀양송전탑 현장 어머니 말씀

6 삭발

7 대안학교에서의 간담회

8 승묵이 친구들

9 팽목까지의 도보 행진

10 광화문 활동

11 활동 비용, 가계 상황

12 교실 존치

13 바라는 점과 아쉬운 점

1
시작 인사말

면담자   본 구술증언은 4·16 사건에 대한 참여자들의 경험과 기억을 기록으로 남김으로써 이후 진상 규명 및 역사 기술에 기여하고자 합니다. 지금부터 은인숙 씨의 증언을 시작하겠습니다. 오늘은 2015년 12월 4일이며, 장소는 안산시 단원구 글로벌다문화센터입니다. 면담자와 촬영자는 김아람입니다.

2
공방 활동

면담자   오늘은 어머니 작년부터 올해까지 활동하셨던 거 위주로 여쭤볼게요. 사고 나고 올림픽기념관에 회의하러 가셨었다고.

승묵 엄마   네. 딱 한 번. 그게 이제 승묵이 장례 치르고 제가 5월 8일 어버이날 지나서 입원을 했으니까 한 십, 며칠 사이에 고 사이에 한 번 했던 거 같아요.

면담자   그때 무슨 얘기 나눴는지 기억나세요?

승묵 엄마   그때, 그때 무슨 이야길 했을까? 음… 잘 기억은 안 나요. 기억이 안 나.

면담자   아버님하고 같이 가셨어요?

승묵 엄마   네, 같이 갔어요.

면담자   어머니 몸이 별로 안 좋으셨을 땐데요.

승묵 엄마   그 당시에는 제가 막 일 겪고 나서 많이 힘들었어도, 참여는 하고 싶은 그런 마음은 있었으니까 가고 싶었어요. 힘이, 말 그대로 무슨 이야기를 하는지 그런 거에 제가 조금 적극적인 면이라서 가고 싶어서 하긴 했죠. 그때 한 번 가고 그 이후로 제가 계속 기분이 다운돼 갖고, 계속 안 좋아서 병원에 입원하게 됐거든요. 그 당시에 무슨 얘길 했는지 여러 부모님이 계시긴 했는데 기억이 잘 안 나요.

면담자   어머니 그때까지도 다른 부모님들하고 잘 아시거나 이런 건 아니셨겠네요?

승묵 엄마   아니요. 그런 건 없었어요. 진도에 가서도 평상시에 이렇게 봤던 엄마들 '어, 저 엄마를 어디서 많이 봤는데' 이런 거는 한두 번 스쳤을까. 그 이후로는 체육관에서는 그다지 많이 기억나는 게 없어 갖고, 그게 제일 바보 같은 짓이라고 지금까지 생각하거든요. 아, 이렇게 활동을 할 거 같았으면 [집에만 있고] 그러지 말았어야 되는데, 조금 많이 힘들어해 갖고 [유가족들하고] 같이 그런 [투쟁하는] 상황을 겪지 못하고 [그래서] 내용도 제대로 알지 못하고, 솔직하게 이렇게 일어나서 지금 1년 동안 진행해 온 거를 제가 자세히 몰라요.

이제서야 뭐라 그럴까, 작년에는 제가 고 당시에 올림픽기념관에 딱 한 번 나가구요. 그 이후로는 병원생활 하고 거진 집에만 있었기 때문에, 그리고 활동한 게 올 초 2월인가 3월인가부터 이렇게 시작을 했을 거예요. 어, 3월인가 보다. ○○이 입학하고 제가 다녔던 것도 같기도 하고, 왜냐하면 그래도 치료를 좀 받았다고 조금씩 조금씩 나아지긴 했는데 계속 혼자만 집에 있으면 말 그대로 목 놓아 울게 되더라구요. 승묵이 사진만 봐도 가슴 치며 울기만 하니까 안 되겠다 싶어서. 신랑보고, 그때 아빠가 반 대표 할 때였거든요. 그래서 "당신 분향소 갈 때 저 좀 한번 공방에 데려다주세요" 이래 갖고 한번 발 디디기 시작을 해갖고, 가서 엄마들이 이야길 해도 제가 아는 부분이 없기 때문에 제가 이야기를 못 했거든요. 그냥 묵묵히 그 당시에는 수놓는 거 시작을 해서 고거 하면서 엄마들이 이야기하는 거에 아이들 이야기, 그 당시에도 힘들었으니까 아이들 이야기하면 그냥 공방에서 엄마들[한테] 미안하게 울다만 오고.

면담자　　처음에는 좀 그러셨어요?

승묵 엄마　　예, 그렇게 하다 보니까 엄마들이 되게 걱정[을] 많이 했거든요. 거기 온 엄마들은 그 과정을 1년 동안 다 겪고 난 엄마들이니까. 그 과정을 제가 하고 있으니까, 음… 아시니까는 많이 다독여 주시고 그러셨죠. 부모님들끼리는 위로의 말은 안 해요. 그 위로의 말이, 그 당시에도 지금도 조금 그러긴 하는데 의미 없는 위로가 돼버리니까는요. [이야기]해주시는 사람들은 위로라고 생각을 하는데 저희들 입장에서는 조금 마음 아프더라구요. 그래서 부모님들끼리는 위로는 안 하고 그냥 묵묵히 지켜봐 주시는 거, 그냥 울고 싶을 때 그냥 계속 울라고 아무 말 안 해주는 거, 지켜봐 주는 거.

지금 가족들도 친정집이든 시댁 식구들도 그렇게 해달라고 부탁을 한 게, 지금 부모님이나 형제들이나 다 그렇게 해주시는 게 감사하거든요. 그냥 묵묵히 지켜만 주시구요. 통화도 제대로 못 하거든. 통화만 했다면 우니까. 지금 그렇게 활동을 하면서, 2월 달부터 해서 3월 달부터 지금까지 계속 활동을 해오는 거였어요.

면담자　　　작년에 교회에서 인터뷰한 영상을 제가 봤거든요.

승묵 엄마　　제가 교회에서?

면담자　　　9월 말로 날짜가 돼 있고 교회 단체였었어요.

승묵 엄마　　교회 단체? 제가 인터뷰한 거 하나도 없는데.

면담자　　　어머니 머리 짧으실 때.

승묵 엄마　　아, 그거는 제가 올 4월에 삭발을 했어요. 5월일 거예요. 5월, 올 9월이다. 올 9월 광화문에서 했을 거예요.

면담자　　　맞아요. 장소는 광화문이었어요.

승묵 엄마　　네, 올해, 작년이 아니고. 작년 같은 경우에는 제가 10월 달까지 병원에 입원하면서 웬만한 사람 거진 안 만났거든요.

면담자　　　그래서 어머니 파마하시기 전이신 거?

승묵 엄마 　네, 네, 네. 그럴 거예요. 올 4월 16일 전에 저희가 삭발을 했잖아요. [2015년 4월 2일에] 광화문에서 하고, 저희가 안산에서 서울 광화문까지 도보하기 전에 [2015년 4월 5일에] 여기 분향소에서 삭발을 하고 출발을 한 거였거든요. 그거 인터뷰는 올 9월.

면담자 　어머니 원래 수놓고 이런 거 잘하셨었잖아요.

승묵 엄마 　그냥 좋아했죠.

면담자 　일상이 하루 종일 공방에서 보내시는 거예요? 어떻게 하시는 거예요?

승묵 엄마 　그렇게 했죠. 거진 10시까지 와서 ○○이 오기 전에 4시 반, 5시까지 해서. 제가 그 당시에도 차를 못 탔기 때문에 거기서부터 집에까지 걸어가는 시간 따져갖고 거진 그렇게 있었죠.

면담자 　점심도 다 같이 모여서 같이 드시는 거예요?

승묵 엄마 　네, 네. 그 당시에는 제가 많이 힘들어갖고 소량으로 먹을 때여서 밥 먹기 싫어도 엄마들이 안 된다고 [해서] 어울려서 같이 먹게 되고 그때부터 조금씩 조금씩 이제 나오게 됐죠. 그다음에 이제는 엄마들하고 또 공방에서 있으면서 마음 맞는 엄마들이 또 계시고 챙겨주시던 엄마들이 있어서, 말을 해도 되는지 모르겠다. (면담자 : 네, 네, 네.) 지숙이 엄마, 5반 큰 건우 엄마, 다영이 엄마 이렇게 공방에서 공방장 거기 활동을 하시면서 많이 챙겨주셨거든요. 그래서 그 엄마들이 나중에 공방을 그만두시면서 저희들끼리,

마음 맞는 사람끼리, 언니가 자꾸 끼워주셨어요, 저를.

면담자   어머니가 나이가 어리신 편이었어요?

승묵 엄마   네, 네. 그 언니들 중에서 그래도 지숙이 엄마하고는 동갑이어도, 건우 엄마나 다영이 엄마보다 어리거든요. 그 언니들이 그래도 그나마 저를 챙겨주시더라구요. 자꾸 집에 있으면 가라앉고 힘드니까, 자꾸 활동하는 데 끼워주시려고 하고. 그래서 저 또한 그런 거 좋아하고, 그 당시에는 적극적[인 편은] 아니었어도 그래도 같이 한다고 그래서 [공방] 그만두시고 나서, 완준이라고 있어요. 5반에 완준이 엄마도 그런 거 십자수, 일일이 반 아이들 얼굴 다 해갖고 십자수로 그걸 다 넣으셨어요. 일일이 얼굴 십자수로요. 그거 얼마나 힘들겠어요, 반 아이들 거 다 하시고. 언니도 그런 걸 좋아하거든요. 그래서 그 완준 언니네 집에서 모여갖고 수 선생님을 별도로 오시게 부탁을 해서 수 하고 압화 하고, 수요일 날 목요일 날 이틀을 그런 식으로 같이 모여서 이야기도 하고. 눈물 날 때는 울기도 하지만 그 당시 거기에서는 또 막 재밌게. 저 같은 경우에는 말로도 그렇고 행동으로도 그렇고 재밌게 하는 사람은 아니거든요. 근데 너무 재밌게 말도 너무 뭐라 그럴까, 구수하다 그럴까, 장난으로 해서, 욕을 해도 미운 게 아니고 장난으로 하는 그런 걸 다 받아주는… 다 그런 성격의 사람들이라 너무 좋더라구요. 같이 그렇게 하고서 초기에는, 아 그게 또, 힘들었어요. '저분들은 너무 성격이 좋은데, 밝은데 제가 이제는 끼어갖고 [분위기] 흐리는 건 아닐까'. 막 그런 게 부러웠었거든요. 그랬다가 조금씩 조금씩 홀러서 몇 개월 지나서 지금까지.

면담자   지난주에 완준이네 집에 가신다고.

승묵 엄마   어, 네. 맞아요. 완준이네, 맞아요. 완준이네 갔더니 벌써, 아우 내가 아람 씨 거 선물을 챙겨 온다면서 또 잊어버렸어.

면담자   아, 아니에요.

승묵 엄마   압화 목걸이가 되게 예쁘거든. 그거하고 스카프, 정준하 스카프[영남대 최호선 교수가 제작한 '세월호 스카프'를 '무한도전'의 정준하가 매고 나온 것이 계기가 되어 붙여진 별칭] 그거 챙겨갖고 온다면서 어저께 챙겼어야 되는데.

면담자   (웃으며) 그거 같이 만드시는 거예요? 지금도?

승묵 엄마   네. 지금도 만들고 있고, 압화 꽃 그거하고 그다음에 수요일 날은 수놓고.

면담자   선생님이 지금도 오세요? 어머니들 진짜 잘하시겠다.

승묵 엄마   오셔요. 압화 선생님은 서울에서 오시고, 그 선생님은 외국으로도 막 수업하러 다니셔요. 그리고 수 선생님 같은 경우에, 애기가 어리니까 이제 상록군데 본오동이구나, 거기서 직접 오시고, 일주일에 그렇게.

면담자   아이들 얼굴 수 할 때도 도안을 가지고서 어떻게?

승묵 엄마　　아이들 다 저기 학교 들어갈 때 학생증 사진 있잖아요. 그걸로 엄마가 하셨는데 십자수 하는데. 그걸 갖다주면은 다 일일이 프린트해서 색깔 몇 번 뭐, 어떤 거 어떤 거 들어가게끔 다 해주신다고 하더라구요. 그걸 보고서는 '아, 나도 해보고 싶다' 그게 생각이 들더라구요. '나도 승묵이도 해주고 싶고 아이들 해주고 싶다' 그랬는데, 그게 생각지 않게 마음은 앞서는데 제가 막 몸이 안 따라주는 거예요, 생각하고. 지금 수 같은 것도 말 그대로 엄마들은 지금 1년 동안 공방에서 너무너무 힘들어서. 지숙 엄마 같은 경우에는 허리 치료받고 약 먹고 그때 공방에 계속 있으니까 이제는 살이 붙어갔고, 그거 땜에 허리가 더 아프니까 운동하라 그래서 하루에 한 끼 먹고 계속 운동만, 그래야지만 허리가 안 아프니까. 그렇게 하면서 도보나 큰일 같은 데 있잖아요. 그런 거는 다 참석들은 하시는데 지금 막 몸들이 너무 안 좋아 갖구요, 병원 다니면서 재충전하시면서 집에 계시고. 또 피켓 활동 있으면 가끔 시간 되시면 나오시고, 그러는 엄마들 위해 제가 일주일 같은 경우에 저는 꽉 차 있거든요. 그동안에 못 했던 그게, 활동이 좀 힘들어도 하고 싶은 거예요.

그리고 또 신랑은 저 힘들다고 조금씩 조금씩 봐가면서 하라는데, 또 우리 신랑 같은 경우에 느낌상 [제가] 집에 있는 것보다 밖에 활동하는 걸 더 안심스러워하니까. 집에는 매일 전화하면 "아직도 누워 있어? 밥 안 먹었어?" 항상 그러고 있거든요. 그렇게 하는 것보다 바깥에[서] 힘들어도 활동을 하면서 제가 한 끼래도 엄마들하고 밥을 먹고 활동하는 모습이 더 좋은가 봐요, 그게 안심이 되고. 그리고 이제 아빠가 하던 일 조금씩 하시면서 시간 조정하면서 ○○이 올 시간에 오셔갖고 ○○일 챙기시고, 제가 없으니까. 저희가 한번 밖에 나가기 시작하면 들어오는 게 기본 12시니까.

면담자   밤 12시요?

승묵 엄마   응, 그 정도로. 시간이 그렇게 돼요. 할 수 없이 나가게 되면 그렇게 하다 보니까 ○○이 아빠가 챙기고. 그렇게 활동을 하다 보니까, 수 같은 경우 하다 보면 숙제가 생겨요. 근데 제가 집에 오면 아무것도 못 해. 일주일 동안에 그걸 해 가야 되는데 제가 손을 못 대요, 아무것도. 집에 오면 아무것도 못 하는 거야. 전에 제가 공방 나오기 전까지는 그래도 병원에서 퇴원해 갖고는 그래도 그나마 기분 좀 좋아져서, ○○이 챙기고 밥하고 밀린 거 집 치우고 막 이런 거를 했는데, 조금이나마. 지금은 아예 그걸 못 하니까, 이제는 수놓는 게 막 스트레스가 되는 거예요. 엄마들은 다 완성해 왔는데 저만, 제가 진도가 늦잖아요. 그다음에 막 선물 주고 싶어서, 지금 브로치 같은 것도 되게 많이 주문을 해서 놨는데 그걸 아예 못 하는 거예요. 그러다 보니까는 이제는 거기에 대해서 스트레스를 안 받아야 되는 건데 스트레스를 제가 받는 거예요. 말 그대로 제 성격이 그거를 이렇게 완성을 해야 되는 그런 저기[성격이]거든요. 밀리면 막 그게 용납이 안 되는, 그런 게 있어요. 본인한테도 힘들게 하는 스타일이죠. 좀 스트레스를 받는 거예요.

압화 같은 경우는 그 자리에서 완전히 끝나거든. 몇 시간 사이에 잠깐. 수 같은 경우에는 10시에 만나서 거진 다섯 시까지 앉아서 수를 놓고 와요. 그러면서도 지루하지 않고 재밌거든요. 엄마들하고 이야기하면서, 또 완준이 어머니께서 힘들겠지만 또 점심도 또 일주일에 한 번이라고 맛있게 또 정성껏 차려주시면 다 맛있어요, 또 해주시는 게. 그거 밥 먹고, 간식 사 간 거 간식 먹고, 그러구서 그 시간까지 있다 오는 거예요. 그 시간 같이 있는 거는, 나가서는 힘든데 그래도 또 즐거운 거예요.

그렇게 했는데 너무 힘든 거예요, 이제는 제가. 그다음에 제가 아침에 일어나는 게 힘들다고 했잖아요. 근데 이 활동을 하면서 더 힘들어지는 거예요, 아침에 일어나는 게. 그 전까지 스트레스를 안 받고 재밌게 잘 다녔는데 11월 달부터 제가 못 나갔어요. 그리고 날이 계속 비가 오고 되게 안 좋았잖아요. 11월 달 한 달이 거진 비가 오다시피 했고. 그래서 제 기분도 조금 많이 다운된 상태였었고, 한번 오면 이게 통증이 아직까지도 있어요. 입원해 갖고도 통증 약을 같이 먹었거든요. 항상 긴장해 있다 보니까 제가 그걸 몰랐는데 이렇게 조금씩 느껴보면 자면서도 항상 긴장을 하고 자는 거예요. 몸이나 등 쪽, 어깨 이런 데가 되게 아파요.

지금 같은 경우도 앉아 있으면 되게 힘들거든요. 제가 수면제 복용을 하고 자니까 특히 아침에 좀 힘들어요. 그래서 약 조절을 했는데도 잠깐은 자요. 지금 약 먹는 것도 줄여서 먹는데 잠깐은 자요. 잠깐 2, 3시간은 자는데 그 이후로 깨버리니까 이제 밤새 새

벽 동안 잠을 못 자는 거야. 새벽 동안 잠을 못 자다가 아침에 일어
나야 할 시간에 잠이 막 쏟아지니까 그게 힘든 거야. 그니까 나오
기가 좀 힘들어 아침 시간에(기침). 오전에 나가는 피켓은, 피켓 서
서도 어떤 땐 눈감고(웃음) 이렇게 하고 있을 때도 있고. 활동들이
계속 그랬죠.

지금도 압화 같은 경우에는 온마음센터로 이동을 해서, 전에는
큰 건우네 집에서 했었거든요. 이틀씩 서로 밥하기 하고 막 힘들다
고 그래서, 수는 완준이 어머니네 집에서 했고, 목요일 날은 큰 건
우네 집에 모여서 하고, 그런 식으로. 그다음에 활동하면서 저희가
갖는 게 아니고 만든 거 기부도 하고 그런 식으로 하면서 엄마들이
많이 챙겨주서 갖고 그나마 제가 이렇게 활동도 하고. 활동 나가는
것도 우리 반 경빈이 엄마가 너무 씩씩하잖아요. 경빈이 엄마랑 또
같이 다니면서.

3
사고 이전 반 부대표 활동, 사고 후 4반 활동

면담자   경빈 어머니는 공방에서 만나신 건 아니었어요?

승묵 엄마   아니에요. 경빈이 같은 경우에는 중학교 때부터 같
은 학교에 1학년 때 같은 반이었어요. 경빈 엄마는 저를 알았다고
하더라구요. 경빈 엄마가 그때 반 부대표라서 다 연락을 해서 엄마

들 오실 수 있냐고 막 전화하고 다 했었거든요. 저 같은 경우에는 시간이 되는 건 해줬다고 했잖아요. 시간을 내서 나가갖고 했는데 막상 이제는 엄마들 모여서 있는 자리에 가면 누가 경빈이 엄만지는 몰라요, 이야기하질 않는 이상은.

왜냐하면 단원중학교 같으면 아는 엄마들이 많았을 텐데 승묵이가 고잔초등학교를 가고 초등학교 때 이사를 가면서 와동중학교가 단원중보다도 조금 더 가깝다고 그래서 와동중학교를 가게 돼갖고 아는 친구들이 별로 없었고. 고잔초등학교에서 그 당시에 와동중학교로 간 친구가 일곱 명인가 여덟 명밖에 안 됐어요. 반이 같이 된 애들도 없었고. 승묵이는 금방 또 친구들이 다 친하게 금방 사귀는 성격이라, ○○이도 그렇고 그런 거는 신경 안 썼거든요. 그런데 의외로 사춘기가 와서 제가 신경을 못 써주니까 그런 게 조금 걱정이었어요, 그 당시에는. 엄마들이 아이들 학교 활동하는 게 좀 과격하다고 해갖고 많이 걱정을 했거든요. 이제는 말 그대로 삐뚜루 나가면 안 되니까, 그런 거 땜에 많이 신경을 쓰긴 했는데 너무 잘 지내줬어.

그래서 경빈인 그 엄마를 중학교 때 [시험] 감독 갈 때마다 보기는 했는데, 고등학교 때 딱 올라와서 1학년 때는 경빈 엄마가 활동은 안 하고 2학년 때 와서 이제 반 활동을 하게 돼갖고, 딱 갔는데 그 엄마가 있는 거예요. 그 엄마가 그때서야 경빈이 엄마라는 걸 [알고] 이제는 인사를 하긴 했어. '아, 저 엄마가 경빈 엄마구나' 그렇게 했는데 까맣게 잊어버린 거야. 이번에 '아 저 엄마가 경빈이 엄마였었지, 맞아' 이러면서 알게 된 거였죠. 친하게 된 거는 이번 계기로 했지[친하게 됐지]. 그 전에는 "어머니, 시험감독 오시죠?" 이런 전화만 받고 "네, 갑니다" 이렇게 짧은 통화만 했지 긴 통화는 안 해봤어요.

면담자　　작년에 학기 처음 시작했을 때 경빈이 어머니가 부대표?

승묵 엄마　　저희 반 대표였어요. 제가 부대표였어요. 하실 분이 없다고 직장 다니시고 그래서 거진 반 대표가 많이 활동을 하고 부대표 같은 경우는 반 대표가 진짜로 일 있어서 못 했을 당시에만 제가 해주는 걸로 돼 있었거든요. 딱 3월 중순쯤에 경빈 엄마가[로부터] 전화[가] 왔는데, 경빈 엄마가 보험을 하는데 [월]초하고 말일 대가 되게 바쁘시대요. 이번 부모님들끼리, 경기도에 있는 부모님 대표들끼리 모여갖고 토론하는 그런 게 있었어요, 그 과정이. 근데 경빈 엄마가 말일이라 될 수 있으면 빠지질 못해서 저보고 부탁을 하는데, 저 같은 경우에도 그때 당시에는 슈퍼를 하고 있었고 아빠가 별도로 일을 하고 계셨기 때문에 시간 조절이 필요했었거든요. 그래서 아빠하고 조절을 해갖고 하겠다, 그런 식으로 통화를 했어요. 그러고 나서 이런 일이 있었던 거죠. 어, 아니구나. 3월 말쯤에, 그게 4월 말쯤에 있었나 보다, 부모님들이 해야 되는 게. 그랬다가 이제 이런 일이 있고 나서 못 했던 거 같아요. 제 기억으로는 그런 거 같아요.

면담자   아버님이 반 대표 맡으신 건 언제부터 맡으신 거예요?

승묵 엄마   승묵 아빠가 반 대표 맡은 게, 잘 기억은 안 되는데, 잠깐만, 경빈 엄마가 3월부터 맡았으니까 아빠가 12월 달, 11월 달부터 맡았나 봐요, 그럼. 11월 달부터 해서 한 3, 4개월 했던 거 같아요. 한 4개월은 꽉 채우진 못하고.

면담자   그때 왜 경빈 어머니가 그만두시게 된 거였어요?

승묵 엄마   경빈 엄마는 그 당시에 우리 학교 반 대표. 학부모 운영위원회. 사고 난 이후로는 반 대표들이 이 반을 또 꾸려나가야 되잖아요. 희생자들 해갖구서는 [활동을] 해야 되니까, 그 당시[사고 직후 초기]에는 누구 아빠가 했는지는 기억이 잘 안 돼. 성호 아빠가 하셨다 그랬고, 정무 아빠가 하셨다 그랬고, 동혁 아빠, 제일 처음에 동혁 아빠가 하셨나 봐요. 그리고 성호 아빠, 정무 아빠, 승묵 아빠, 경빈 엄마 이런 식으로 형준이 아버님, 이번에는 차웅이 아버님.

면담자   돌아가면서 하신 건가요?

승묵 엄마   왜냐하면 처음부터 해도 되는데 성호나 정무나 동혁 아빠나 대외활동을 많이 하셨잖아요. 그러다 보니까 좀 힘든 면도 있었고, 그 당시에는 막 나가야 하는 활동 그런 게 되게 많았잖아요. 그러다 보니까는 승묵 아빠가 하게 됐던 거죠. 아빠들이 분과들을 다 맡고 계셨으니까 [승묵] 아빠가 반 대표를 맡았고, 이제 힘드니까 왜냐하면 부모님들이 호응을 안 해.

호응을 다 해주셔야 되는데 생각 자체가 틀리니까. 그래도 반 대표 해서 이렇게 반끼리 하는 거는 호응들을 해주시고 해야 되는데 너무 안 해주시고, 뒤에 제대로 상황을 모르시면 반 회의 때만 해도[만이라도] 이야길 들으시고 이야길 하셔야 되는데, 그렇지도 않으시면서 집에만 계시는 분들이 대충 이야기를 듣고 이야기하시니까 서로들 상처를 주시는 거예요. 그게 너무 힘드니까 "안 되겠다 서로 돌아가면서 해봐야 이 반 대표라는 게 얼마나 힘들다라는 걸 아시겠다"라고 해서 승묵 아빠부터 3, 4개월 정도 하고. 경빈이 엄마 미국 갔다 올 때까지 승묵 아빠가 하기로 해갖구서는 승묵 아빠가 4개월 못 채운 [기간을 하게] 그렇게 되었어요. 그래서 경빈 엄마 오자마자 힘든데, 몸 상태도 안 좋은데 경빈 엄마가 한다 그래서 경빈 엄마가 하게 되고, 경빈 엄마가 6개월 동안 했거든요, 길게 했죠 너무너무. 경빈 엄마 때까지가 너무너무 힘들었어요. 활동하는 것도 많았고 너무 적극적이라 경빈 엄마가, 또 이 회의가 있을 때마다 다 들어가야지[만] 어느 정도 진행이 이게 되는 거[되어가는] 상황을 알거든요, 솔직하게. 전달만을 가지고도[전달만 받으면] 잘 몰라요.

저 같은 경우, 케이스가 더 특히 그렇거든요. 제가 그 사고 이후로 1년 [가까이] 활동하기 전까지[는] 정보 자체를 들으려고 하지도 않았고, 볼려고 하지도 않았고, 알려고 하지도 않았거든요. 그런 마음이 워낙 없었기 때문에 그런 거 자체가. 그래서 신랑도 이야길 잘 안 했고, 가끔 언니가 있으니까 "아, 이렇대" 이런 것만 조금 들었을 뿐, 제가 아예 내용을 모르는 상태에서 지금도 활동을 할려니까 너무너무 힘든 거예요. 그래서 제가 책자며 문서로 된 거 많이 갖다 집에 놓고 읽으려고 하는데. 마음은 요기에서는 이제는 받아들이는데 뒤쪽에서는 받아들여지지가 않는다고 표현을 해야 될까? 그걸 겪어본 사람이라면 잘 이해를 할 수 있는데 제가 말하는 것도 이해가 안 될 수도 있어요. 그래서 막 안 들어오는 거예요. 만약에 아람 씨가 뭐라고 이야길 했어도.

4
활동을 위한 공부

면담자   아니요, 이제까지 어머니 만나면서 얘기 다 잘하셨어요.

승묵 엄마   조금 뭐라 그럴까 조금 생소한 단어가 나오잖아요. 저희가 많이 접하지 않았던 그런 게 나오면은 단어를 막 찾아봐야 되는 거고. 내가 이제는 뭐라 그럴까 얕게 얕게 지식을 갖고 있는 그 내용으로는 설명이 안 될 수도 있으니까, 이제는 아예 들어가서 확실한 이야기를 전달해 줘야 되는 상황이기 때문에 긁적이면서[적어가면서].

간담회 가기 전에는 그냥 대충 기본적인 질문이 거진 비슷비슷

해요. 간담회 갈 때마다. 거기에 대한 거 좀 긁적긁적거리면서 "이 거는 이야기해야지" 하면서도 막상 가서 올라가서 이야기할려면 그게 또 생각이 안 나는 거예요. 그래서 나중에는 '적어 가야 되겠다' 이런 생각도 하고, 그런 경우예요. 경빈 엄마 같은 경우에는 지금도 회의란 회의는 다 들어가고, 안산에 살림은 또 아이들, 학생 담당이래서 아이들 하는 거 간담회 다 들어가고. 또 그러다 보니까 경빈 엄마는 이제는 여기에 흘러가는 흐름이 어떻다라는 걸 다 아니까는 발언도 할 수 있고 막 이렇게 얘기를 하는데, 저 같은 경우에는 지금까지 이제는 들은 이야기 정도로 이야기를 하는데도 그게 인지가 안 돼 있어 갖고 버벅거려 갖고서는 "도와주세요" 해갖고 다른 엄마들이 가서 이야기하고 그런 경우가 다반사거든요.

면담자   그래서 '아, 좀 공부를 해봐야 되겠다' 그런 생각도 드시고 그러셨어요?

승묵 엄마   그렇죠. 그전에 같은 경우에도 제가 대학을 안 나왔기 때문에 배우고 싶은 갈망[이] 되게 많았는데, 중간중간에 그런 게 있었는데, 그나마도 우선적으로 [했던 것들이] 있었기 때문에 그걸 뒤로하게 되더라구요. 제가 하고 싶은 일이[을], 학교는 중간에 포기는 했지만 승묵이가 이제 중학교, 고등학교 [다니게] 되면서 '아, 아이들하고 같이 공부를 좀 하고 싶다', 슈퍼를 하면서 무의미하게 슈퍼에서 계속 시간을 지내다 보니까는 '아, 이것도 안 되겠다' 싶더라구요. 그래서 "엄마도 공부하고 싶다, 승묵아" 그래서

"엄마는 꿈이 선생님 되는 거였는데. 그래서 엄마 유아교육과를 가고 싶어", "엄마, 해요" [승묵이가] 하라고. "근데 조금 여건상 그게 맞지가 않는다. 좀 힘들다", "뭘 힘드냐"고 "하시라"고, 승묵이가 그랬었거든요. 그게 또 안 되네요….

면담자 　　　현실적으로 일하시면서 힘드시죠.

승묵 엄마 　　　일하려고 하다 보니까 그게 쉽지가 않더라구요. 방통대 같은 경우에는 진짜 꾸준한 거, 중간에 포기하는 사람 되게 많았잖아요. 지금은 시간 여유 있는 엄마들이 많이 하니까 또 틀리잖아요. 그러다 보니까는 대개 끝까지 가시는데, 저희 아이들 어렸을 때거나 그 당시에는 그게 힘들었었거든요, 중간에 포기하시는 분들도 많았고. 그런 학구열이 되게 많았다, 그랬죠.

지금 같은 경우에도 광화문 가갖고 외국인들이 되게 많잖아요. 그래서 설명을 하고 싶은데 그게 안 나오는 거지, 이제는. 학창시절에 외웠던 단어 같은 것만 기억은 나도 그게 이제는 이야기가 잘 안 되는 거예요. 중국인도 있고 일본인도 있고 러시아 이런 데서 각국에서 오니까, 그래도 필리핀도 있고, 영어가 다국어다 보니까는 많이 쓰긴 하는데 그게 이제 딸리는 거예요. 저희 이렇게 책자가 있어요, 거기에 설명하는. 우리 세월호에 대해 설명하는 그 책자 가지고 앉아가지고 그거 풀이하고 있는 거예요. 뜻풀이하고 있는 거예요. 조금 영어 하는 엄마들, 수현 엄마 같은 경우에는 막 이야기하고 그렇게 하는데, 저는 그게 안 되니까 마음만이에요, 마음

승묵 엄마 은인숙

만. 그냥 짧게, 이제는 싸인 좀 해달라는 그런 단어 짧게, 그런 것만 몇 개 외워갖고 해달라고 소리치고 그런 정도.

그리고 4·16 우리 여기에 대해서 더 알고 싶어서 자료 같은 거 갖고 가서 공부를 해도 아휴, 이제 단어를 찾아가면서 하고. 막 아빠가 여러 가지 이야길 하는데 그게 무슨 말인지 이제서야 제가 활동하면서 '진상 규명', '생계 뭐 지원팀'도 있고 뭐 '대협팀'도 있고 '4·16가족협의회'도 있고 이런 말이 처음에는 무슨 말인지 왕왕왕왕 소리만 들리지 그게[그걸] 머리에 기억해 두지 못하는 거예요. 그게 무슨 말인지 안 들어봤던 말들을, 그런 말을 '심리' 이런 거는 들어봤어도 거기에서 일하는 거, 단어 같은 게 생소한 게 나오니까 멀어졌었던 거예요. 알고 싶지 않고, 그때는 두렵기도 했고, 이제서야 '아, 그 말이 그 말이었구나'라고 지금 같은 경우에[는] 할려고 하긴 하죠.

면담자 정말 그러셨을 거 같아요. 법적인 용어니 이런 것들 접할 일도 없으셨을 거고요.

승묵 엄마 네. 그니까 너무 어려운 거예요, 그런 게. 그래서 인문학 공부하는 게 있었어요. 그래서 다영 어머니가 "저기 승묵아 같이 하자, 같이 하자" 그랬는데 그 당시에는 수 하고 압화 하는 것도 좀 버거웠지만, 인문학이 월요일 날 이렇게 하는 게 있었어요. 월요일 날 시간이었어요. 그땐 또 스케줄이 있고 광화문도 가고 그러는 거라 제가 못 했지. 이제 인문학 수업이 끝났다고 하더라고.

그런 거는 막 듣고는 싶었죠. 왜냐면 언니가 하시면서도 다들 대학 나오신 분들이지만, 하시면서도 공부를 해야 돼, 해야 돼 하는 거는 저도 그걸 느꼈으니까는요. 이 일 겪고 나서부터는 이제는 정치에 대해서도 공부를 [하고] 관심을 가져야 하는 부분이었고 우리가 하는 일이 다 그렇잖아요. 법적으로도 어느 정도 용어를 알아야지 말할 때 알아듣고는 해야 되니까 그런 마음은 있는 거, 마음은. 근데 집에 가면은 아무것도 못하니까.

면담자   그런 게 좀 힘드셨을 거 같아요. 이 일 아니면 그런 거 사실 모르셔도 상관없는데.

승묵 엄마   어, 그러니까.

5
밀양송전탑 현장 어머니 말씀

면담자   그런 생각 안 드셨어요?

승묵 엄마   어, 그러긴 했죠. 한편으로는 그렇죠, 말 그대로. 내 아이한테 이런 일이 없었다면, 우리 가정한테 또 이런 일이 안 겪어졌다면 솔직하게 그렇게 필요하다라고는 생각을 안 하고 살죠. 아이[일] 겪고 우리가 헤쳐 나가려면 또 사람들한테 알려줘야 되잖아요. 사람들도 똑같이 말 그대로 그쪽으로 관심을 갖지 않는다면 대체적으로 그럴 거라고 저도 생각을 하거든요. 나 같았을 거라고.

왜냐하면 내 가정에만 충실하고, 내 아이들만 건강하게 자라면 되고, 내 가정만 행복하기만 하면은 그게 가정을 이뤄서 사는 게 그게 성공이라고 다들 그러고 살고 있잖아요. 그렇게 살고 계시니까 저처럼 그렇게 모를 거라고 생각을 하니까, 그 사람들 솔직하게 모를 거 아니에요. 어렵고 말로만 그런 단어는 들어는 봤는데 그 단어가 확실히 풀이되고 그게 무슨 말이라는 걸 확실하게 모르잖아요. 그니까 그런 뜻을 풀이해서 이야기를 해줘야 되는 상황이기 때문에 제가 하지 않으면은 안 되겠다라는 게 이제는, 이제는 마음을 다그치죠.

근데 어떤 때는 그게 스트레스죠. '내가 왜 이렇게까지 해야 되나'라고 할 때도, 후회스러울 때도 있고. 아 참, 처음에는 그런 게 좀 많이 있었어요. 지금은 다르게 생각이 되는 거죠.

그때 준영 어머니가 밀양에서 초대를 받아서 가셨다 오셨거든, 몇 분이서 한 10명 정도. 더 많이 오시기를 권했는데 워낙 활동하는 부모님들이 한정돼 있고 그다음에 그런 데 호응하는 엄마들이 활동하면서도 많지가 않았거든요. 왜냐하면 저희가 하는 게 조심조심스러운게요. 저희가 조금이라도 무슨 활동을 하게 되면 이제는 말[구설수]에 얹게[오르게] 되니까는 조심스러운 거예요. 뭐를 하게 되도 조심조심하게 되더라고. 밀양 같은 경우에도 그게 초대를 받아서 부모님들이 가는 건데 그거를 또 별로 좋아하지 않는 부모님들은 또 말을 하시게 되잖아요. 그러다 보니까 항상 같은 유가족인데도 부모님 눈치를 봐야 되고, 일반 시민들 눈치를 봐야 되고 그러다 보니까 모든 게 다 힘들어요. 안 힘든 게 없더라구요. 그니까(한숨) 엄마들은 다 길게 길게 가야 된다라고 얘길 하는데, 그렇게 생각을 하면서도 조금만 힘[을] 모아서 하면 될 것도 같은데 항상 그렇게 하다 보면 이게 무너지고 무너지고 막혀버리니까 그런 좌절감이 많이 생기고. 준영 어머니가 밀양을 갔다 오셔서 거기 어머니들이잖아요. 저희 어머니 연세 되시는 분들이 많더래요. 그 말을 해주신 어머니는 그 당시에 막 웃옷을 다 벗으시고 쇠사슬을 [감고] 송전탑 거기 [반대]하신 어머니, 텔레비전에 나오신 [분], 저도 스쳐서 본 거 같아요. 그렇게 하신 어머니신데 어머니가 그렇게 이야길 한대. "야, 니네들은" 아니, "우리들은 내 삶의 터를 지킬려고 하는 부모들이 이 정도로 하는데 니들은 니 자식들을 생때같은 니 자식들을 잃어놓고서는 니들이 울 자격 있냐, 니네들이 지금은 울 그 시기가 아니다. 울면서 집에 있을, 니네들이 그게 못 된다. 나와서 싸워야 된다" 그런 식으로 이야길 해주셨더라고.

제가 말주변이 없어서 이렇게 전달은 하는데 준영 어머니가 이야길 하셨을 때는 진짜 저도 그게 마음이[에] 되게 와닿았거든요. '아 저렇게 진짜 말 그대로 80을 바라보는 어머니들께서 저렇게 이야기를 그렇게 해주시는데', "나는 안 운다. 나는 내 삶의 터전을 위해서 지키지만 니네들도 그렇게 울고 있을 필요가 없다"고, "그렇게 있을 자격도 아니고 나와서 니네들이 이겨내야 되는 거다" 그렇게 이야기하면서, '아, 맞다' 내가 '맞아. 이거는 울고 있고 하는 거는 사치구나. 아이 사진 보고 가슴 아프다고 울고 있는 것은 사치

다. 어머니 말씀대로 내가 우리, 언론은 막혔지만 국민들한테 가서 알려야 되는 상황을 일깨워 줘야 된다'. 그렇잖아요. 우리하고 같이 싸우자는 게 아니라… 이제는[이제까지는] 우물의 틀 안에 국가에서 하라는 대로만, 지금 우리는 말 그대로 인형처럼 그렇게 해왔잖아요. 그래서 지금처럼 그렇게 편한, 그렇게 살면 '우리 집에 아무 일이 안 일어나면 됐지, 뭐 상관없지', 이렇게 살다가 내가 겪고 나서 이 국가라는 것도 그렇고, 이제는 말 그대로 내가 살아가는 세상을 알다 보니까는 '이렇게 살아서는 안 되겠구나'. 그래서 제가 깨달은 거를 아, 이 사람들에게도 일깨워 줘야지만이… 국가에서 해달라는 대로 진짜 그대로만 따라가야 되는 상황이에요, 지금. 그래서 지금은 외칠 수 있는 그런 거를 가르쳐[줘야 하고], 자기의 권리잖아요. 그 권리를 좀 가르쳐줘야 되겠다, 그런 게 이제는 생기는 거죠. 그렇게 해서 더 활동을 하게 되고, 될 수 있으면 안 울려고 더 노력도 하고 조금 마음이 그렇게 다져졌고.

그다음에 우리 ○○이 세상을, 내가 말 그대로 다 이렇게 같이 참여를 해주실 때 우리 아이들 진실도 밝혀야 되지만, '우리 국민들이 가져야 할 권리를 못 갖게 되면은 우리 아이들이 살아갈 세상은 참 험악하구나'라는 생각을 가져서 '이거는 꼭 해야 되겠다' 그런 생각이 들게, [생각을] 하게끔 하더라구요.

면담자   또 기억나시는 일 있으세요? 어머니 마음에 와닿는 얘기나 아니면 그런 사람 만났을 때 있으셨는지.

승묵 엄마   그런 이야기는 그전에는 많았어요. 그런 말은 많이 들어서. '아 그래, 그렇구나'라고 하는데 제가 기억이 안 나. 마음 고마운 사람들의 말에 그 언어 같은 거였는데. 이제서야 하나씩 하나씩. 제가 같이 겪지를 못하면은 말하는 거를 이해를 못 하는 거예요. 지금 같은 경우에도 말을 하지만 머리는 멍해요, 지금 현재가. 지금 그렇거든요. 말로는 다 이야길 하긴 하는데 머리는 멍해 갖고 만약에 아람 씨가 이렇게 좋은 이야길 해줬어도 '아, 진짜 좋은 말이다'라고 하지만 그걸 기억해 뒀다가 나중에 이야기하고 이런 게 이제서야 조금씩 하긴 하는데 그걸 또 까먹을 수도 있어요. 지금 현재로는 이게 멍한 상태라.

면담자   밀양 어머님 얘기는 많이 인상적이셨나 봐요? 다 기억하시는 게.

승묵 엄마   그게 이번 주 월요일이었어요. 광화문[에] 같이 가게 돼갖고 준영 어머니[가] 그 이야길 해주는데 이제 마음은 아팠죠. 그렇게 연세 드신 부모님들이 그렇게 말씀을 하실 줄도 모르고 마음은[이] 아팠어요. 연세 드신 분들도 그렇게 깨어 있는데 자기 가정만을 지키기 위해서 이렇게 사는 우리들은 그걸 깨우치지 못하고 있었다는 게 (한숨) 너무 서글프기도 하면서 그 말은 마음에 남았어요.

6
삭발

면담자   어머니 활동하시고 얼마 안 되셔가지고 삭발을 하시
게 된 거잖아요.

승묵 엄마   네, 네. 하고 싶었어요. 광화문에서 되게 하고 싶었
는데 말렸어요. 아빠도 말리고 또 주위에서도 말리고. 제가 심리적
인 게 별로 안전하질 못하다 보니까 다들 걱정을 했어요. 근데 모
르겠어요. 마음에서 그렇게 외쳤다고 할까. 하고 싶었어요. 하면은
제 마음이 되게 편할 거 같다고. 다른 생각은 안 들었어요. 내 마음
이 편할 거 같다라는 거. 아이들을 위해서도 아니었고, 뭐라 그럴
까 죄책감을 느껴서 막 삭발하고 싶다 그런 것도 아니었고 그냥,
그냥 하고 싶었어요. 그냥, 그냥 하고 싶더라구요.

면담자   그때 느낌이 좀 기억나세요?

승묵 엄마   음… 그냥 당당하게 내가 하고 싶어서, 그냥 하고 싶
어서 해서[했기 때문에] 뭐 눈물 날 거라 [생각하지 않고] 마음은 담담
했으니까. 그런 거 아니다라고 했는데 조금, 이 머리를 스님이 잘
라주시면서, 바람이 그때 많이 불었어요. 머리카락 그게 날리면서
이렇게 있는데 조금, 아이들[이] 그냥 이렇게 스치더라고. 그래서
그냥 눈물이 주르르 흐르더라구요. 울지는 않으려고 했는데 그냥
나도 모르게 눈물이 흐르고 있더라구요. 음, 그냥, 그냥 아무 생각

이 안 났으니까. 그냥 그러고서는 이제는 끝까지 자를 때까지 눈감고 있었어요. 그전에는 머리카락이 날리는 게 아, 그냥 뭐라 그럴까 조금, 조금 마음을 서럽게 하는, 그런 게[느낌을] 받아서 그냥 눈 감고 계속 있었던 거 같아요.

면담자 같이 공방에 계신 어머니들도 같이 하셨어요?

승묵 엄마 다영 어머니, 다영 엄마가 같이 했어요(한숨). 다들 광화문에서 할 때는 많이 울었거든요. 텔레비전에서 보던 장면을. 막 그런 게 있었어요. 삭발을 한다 그래서 저런 게 아무 의미가 없잖아요. 말 그대로, 그러고 나서 부모님들의 단결이라 그럴까 굳은 마음을 갖는 계기로 그런 거였지. 뭐 국가에 대해서 엄포를 주거나 그런 거는 아니었거든요. 단결이고 그다음에 우리들의 마음가짐이 다 이렇게까지 하면서. 그게 엄마들이 하기에는 쉬운 일은 아니었잖아요. 그런 거를 보여주기 위한 거 아니었을까. 저 혼자의 생각이었어요. 다른 부모님들은 어떤 마음으로 그렇게 하셨는지 모르겠는데, 그런 마음. '같이하자'는, '끝까지 하자'라는 그런 마음을 다지게, 굳게 갖게끔 그렇게 만든 거였던 거 같아요.

7
대안학교에서의 간담회

면담자 그 뒤로 마음이 좀 더 다져지거나 이런 것도 있으셨어요?

승묵 엄마　　　그 이후로 다져진 [면이 있죠]. 조금씩 조금씩 제가 몰
랐던 이야기에 귀를 기울이게 돼서 알게 되고…. 특히 학교 갔을
때, 처음에 대안학교 아이들부터 접하게 됐어요. 대전에 대안학교
아이들. 전국에 있는 대안학교 [아이들이] 이렇게 대전에서 1년의[해
마다] 자기들의 장기 같은 거를 발휘하는 그런 축제가, 축제라고 봐
야 되겠죠. 그런 자리에 초대를 해주서 갖고 저희 4반이 갔어요.
그때 아이들을 처음 접했어요. 제가 이 사고 이후로요.

　　그런 아이들을 보고 나서 이제는 후회스러웠죠. '내가 왜 저런
현명한 생각을 빨리 못 해서 우리 아이들을, 우리 아이를 보냈나'
싶을 정도로. '우리 승묵이는 저렇게 자유로운 학교를 내가 보냈어
야 되는 게 맞는데 그거를 못 해서 그래서 현명하지 못했다'라는
게. 아이들이요, 표정이 일반 학교 아이들도 되게 밝기는 하지만,
그 아이들처럼 그렇게 해맑은 표정을 거기서 본 거예요. 아이들이
다 그렇게 해맑을 수가 없어요. 생각도 긍정적이고요. 너무 밝은
거예요. 그래서 아, 저렇게 밝은 아이들, 그러니까 우리 ○○이도
있고 나중에 또 다음 아이들, 지금 같이 크는 아이들을 '저렇게 해
줘야 되는데, 저렇게 해주고 싶다' 그런 마음을 갖게 하는 그런 아
이들이었어요. 저희 담양에도 대안학교 아이들이었거든요. 거기
갈 때도 [제가] '가겠다. 멀지만 이제는 용기 내서 가보겠다' 장거리
지만, 3시간 좀 넘는 거리지만 그래도 그렇게 조금씩 나서게 됐던
거 같아요.

면담자   대전에서의 그 경험이 좋으셨나 봐요.

승묵 엄마   네, 네. 너무 좋았어요. 어머니들도 너무 긍정적이고, 너무 밝으시고.

면담자   거기 학부모들도 다 같이 오시고?

승묵 엄마   엄마들도 같이 참여를 하시는 그런 축제였거든요. 아이들이 지역 학교마다 다 참여를 해서, 어디는 또 나중에 활동하는 데에 기금도 하고, 그런 거 해서 반찬도 먹는 그런 것도 다 해주시고, 또 군밤 같은 것도 구워서 해주시고, 어묵도 그렇고 김밥도 그렇고 다 준비를 해가지고 오셔서 그렇게 했거든요. 너무 다 밝으시고 너무 긍정적이신 거예요.

    예전에는 대안학교가요, 말 그대로 학교에서 문제 있는 아이들이 가는 곳이라고만 인식이 돼 있었거든요. 진짜 그랬어요. 저 또한 그랬었거든요. 그게 아니구요, 이 사회가 조금씩 바뀌어가고 아이들 학교생활이 바뀌어가면서요, 말 그대로 문제아이가 아닌 적응을 못 하는 아이들이잖아요, 정상적으로. 나도 지금 그런 상태거든요, 말 그대로. 정상인들하고 같이 활동을 하기에는 너무 제가 힘든 마음을 가졌잖아요. 몇 개월 동안에. 그렇게 가진 상태여서. 그런 마음을 가진 아이들이 가는 학교거든요, 말 그대로. 거기에서 자기 그런 마음의 상처를 갖고 있는 아이들이 모여서 자기들끼리 또 밝은 표정 이뤄가면서 긍정적인 생각을 가지면서 그렇게 나가는 게 그렇게 너무 좋아 갖구서는, 우리 승묵이만 생각을 하는 거예요. 생각이 나는 거예요. 승묵이가 공교육에 불만이 많은 아이였거든요. 진짜 많은 아이였어요. "네가 공부를 열심히 해서 그런 사람이 돼갖고 네가 우리 대한민국의 교육을 바꿔봐라" 이렇게 말할 정도로 승묵이는 참 공교육에 너무 불만이 많은 아이였거든요. 제가 진짜로 현명하게 생각을 했어야 하는데 저 또한 대안학교를 안 좋게 생각한 그런 케이스였거든요.

면담자   승묵이는 학교의 어떤 점이 문제가 있다, 아니면 마음에 안 든다고 그랬었어요?

승묵 엄마   뭐라 그럴까. 승묵이는 이렇게 자유로운 걸 되게 좋아하거든요. 억압하는 걸 되게 싫어해요.

면담자   학교에서는 규제가 많고.

승묵 엄마   그렇죠, 많잖아요. 엄청나게 많고 또 하기 싫은 것도 해야 되는 부분이 있잖아요. 우리도 학창시절을 겪었지만, 진짜 하지 않아야 되는 거는 하면은 안 되지만 학교규율에 따라서 해야 되는 건 해야 되잖아요, 하기 싫어도. 그런 거는 많이 이야길 하면서 풀어가는 부분이었거든요. 왜냐하면 그것도 "사회에 나가서 네가 활동을 하면 똑같은 거"라고. "사회도 되게 억압돼 있고 직장인들 나가면 되게 좋아 보이지? [억압, 규제] 그런 거 없는 거 같지?" 하지만 안 그렇잖아요. 직장생활도 똑같잖아요. 그렇듯이 똑같은 거라고. "사회 나가서도 그런 거야. 한편으로는 이겨내야 되는 부분이고 싫어도 내가 해야 되는 부분은 해야 되는 거야". 그런 거는 선명하게 이제는 선을 긋고 설명을 해줘야지만이 승묵이가 그거를 "아, 알았다"고 "죄송하다"고 그렇게 하는 부분도 있고, "알았어요, 엄마" 그렇게 하는 부분도 있고, "가서 꼭 사과드려. 꼭 사과해" 그런 부분도 있었고.

1학년 고등학교 올라가서는 담임선생님하고의 트러블이 있어서 좀 힘든 부분이 있었거든. 제가 중간에 그런 이야기를 선생님한테 다 해서, 이제는 선생님이 "승묵이한테 안 좋게 이렇게 표현됐거나 안 좋게 모습이 보였거나 오해 살 만한 행동을 했다면은 미안하다"고 사과를 하셨고, 승묵이 같은 경우도 선생님한테 제가 그렇게 했다는 거, 오해스럽게[오해하시도록] 했다는 거 사과를 해서 선생님이[으로부터] 전화가 왔더라구요. "어머니 서로 이렇게 해갖고 사과할 부분과 사과받아야 할 부분은 그렇게 했네요" 하고 전화가 오고 그랬었거든요. 그러면서 잘 지냈던 거 같아요. 처음에 그런 게 조금 힘들었던 거 같아요.

[승묵이는] 그런 게 싫었죠, 꽉 막혀 있는 거. 그다음에 시간에 막 이렇게 해서[얽매여서] 저도 스트레스를 받잖아요. 지금 같은 경우 오늘은 요 시간에 뭐 해야 되고, 뭐 해야 되고, 뭐 해야 되고 이게 되게 강박관념. 맨날 같이 똑같으면 괜찮아요. 근데 그게 아니고 다르게 할 때. 내가 이거를 하고 싶었는데 맞지 않게끔 또 시간에 맞춰서 흐름에 [따라]가야 되는 거 있잖아요. 그런 거를 되게 싫어했어요.

면담자　　　대안학교에서는 아이들이 여러 활동을 많이 하잖아요. 그날 어머니 가셨을 때도 행사가 많이 진행이 됐어요?

승묵 엄마   그렇죠. 아이들, 특히 끼 있는 아이들이 많은 활동
[을] 하더라구. 연극 같은 것도 하긴 하는데 그거 할 시간에 저희가
간담회를 들어간 사이였고, 간담회 가기 전에 아이들 공연했어요.
노래도 하고, 기타 연주도 하고, 춤도 추고 그런 활동을 봤거든요.
그래서 너무하고 싶은 거를 아이들이 학교에서도 하는 거잖아요.
일반 공교육 같은 경우 그러지를 못하고 학원에 가서 해야 되잖아
요. 그런 게 많잖아. 공부, 공부, 공부가 우선이었으니까.

단원고 같은 경우에는 인문계이면서도요, 다른 학교들도 그런
동아리가 많이 생겼다고 하긴 하는데, 제가 주위[에서] 다른 학교를
보낸 엄마들 이야기를 들어보면, '제일 좀 그나마 인문계에서도 자
유로웠던 게 단원고이지 않았을까' 그런 생각이 들었어요. 아이들
이 그렇게 끼 있는 거에 많이 적극적으로 밀어주는 학교, 또 선생
님들도 그랬었구요. 승묵이같이 아이들이 동아리를 하나, 자기 마
음, 자기만의 동아리를 만들어서 아이들끼리 하겠다 했을 때 그거
를 검토하고 적극적으로 밀어주시려고 담당해서 맡아주시는 선생
님들도 그렇고. 그렇잖아요. 공부만 우선적으로 "니네들만 이런 게
뭐가 필요해" 막 이런 식으로 하는 강요적인 선생님들도 있었을 텐
데 그렇지 않았다는 거. 그래서 안산 시내에서도 내가 학교 학부모
회도 가고 뭐 아이들 대학 입시설명회도 가고 이렇게 하다 보면은
'선생님들이 진실일까' 그랬는데 주위에서 얘기 듣다 보니까 진짜
그렇더라구요. 선생님들이 발령을 받으면 제일 첫 순위로 단원고

로 제일 가고 싶어 하구요. 아이들도 단원고로 오고 싶어 하구요. 그런 게 있더라구요. 1순위로. 그런 이야기가 선생님들만의 이야기가 아니라 바깥에서 접하다 보니까 '어, 그렇구나' 그런 거에 비하면[얘기를 들으면], 너무 잘 보냈다라고 생각을 했었거든요.

8
승묵이 친구들

면담자　어머니 전에 말씀하셨던 것 중에서 중학교 때 승묵이가 챙겼던 친구가 있었다고.

승묵 엄마　네, ××.

면담자　××는 학교 어디로 갔어요?

승묵 엄마　선부고등학교가 됐어요. 같이 어울려서 다니는 중에서 선부고로 ××하고 ××가 갔어요. 처음에 막 그랬거든요. ×× 엄마한테도 전화를 해야지 하면서도 시간대가 안 맞더라구. 핑계일 수도 있는데. 왜냐하면 "××가 이런 아이니까 승묵이하고 같은 학교를 같이 가게끔 해주세요" 엄마가 미리 학교나 교육청에 이야길 했으면 같은 학교로 가게끔 해줬을 거예요. 〈비공개〉 그랬는데 그거를 안 하시고 그냥 학교, 시에서 하는 대로 그렇게 해갖고 선부고를 가게 된 거예요. 지금 현재로서는요, 그게 다행이라고 생각을 해요(울먹임). 그렇게 강요를 안 했다는 게, 또 그렇게 '엄마한테 전화를 해갖고 그렇게 이야길 안 했다는 게 지금으로서는 감사하다'라고 생각이 들거든요. 승묵이 장례식장에서도 엄마들이 그래요. "그 아이가 누구야? 덩치도 큰 아이가, 덩치도 큰 남자아이가 그렇게 서럽게 한동안을 울더라고" 그래서 "어, 승묵이 친구 ××야". 이렇게 이야기를 해줬거든요.

면담자　　　××도 그때 많이 힘들었을 거 같아요.

승묵 엄마　　　네, 되게 힘들어했어요. 그래서, 그래서 제가 지금까지도 아이들하고 통화를 한 번 했구나… (울음을 참으며) 아이들 그때 작가님들 만날 때 아이들 이야길 듣고 싶어서 그때 제가 전화를 딱 한 번 한 거 같아요. 전화 통화도 아니고 문자를 줬다가 전화가 와서 전화를 하게 됐어. ××란 친구가 그래도, 되게 아이들 다 성격이 좋았어요. ××보고 부탁을 해서 친구들이랑 좀 같이 와라 그랬더니 다들 연락이 되니까 그 당시에도 한 일곱 명, 여덟 명이 왔더라구요. 아이들하고 같이 이야기 많이 했고, 그 당시에도 물어봤죠. "××야, 아이들 힘들지? 잘 지내?"라고 [물으면] 또 잘 지낸다고 해주는 게 너무 고맙더라구. 다른 마음 갖고 있지 않을까, 마음 상처가 너무 커서 그럴까 싶었는데 그래도 잘 다닌다고 하니까, 이번에도 한번 아이들 좀 같이 모여갖고 밥 한 끼 먹으려고 생각하고 있어요, 주말에. 아이들 이제는 다 수능들도 끝나고 그래서 주말에 밥 좀 먹으려고 그러고 있어요.

　　아, 내년에는 [승묵이 생일도 하려구요]. 승묵이 생일, '이웃'[치유공

간 '이웃']에서 해주시거든요. 싫어 갖고 계속 안 했거든요. 경빈이 생일 때 거기도 아빠가 마음이 아파서 하고 싶지 않아서 안 하려고 하다가 "해봐라" 해보라고 한번 서로들 다 그렇게 하게 되니까 경빈 아빠도 후회했는데 "어후, 한 게 너무 잘했다"고 그렇게 이야길 하더라구. 활동하면서 그걸 보고 저도 너무 해주고 싶더라구요.

면담자   내년 3월 31일에 승묵이 생일.

승묵 엄마   그때 이제 될지 모르겠어요. 아이들 그때가 한참 입학 시즌이잖아요. 그래서 그게 될지, 아이들이 와줄 수 있을지 모르겠어요. 주말로는 한다고 하는데. 글쎄 그게 될지 모르겠어요.

9
팽목까지의 도보 행진

면담자   아버님은 어머니 병원 계실 때도 계속 활동하시고.

승묵 엄마   그렇죠.

면담자   팽목까지 도보도 하셨어요?

승묵 엄마   예, 다 같이 한 거였죠. 아빠도 팽목까지는 다 한 게, 저희 반별로 했잖아요. 구간별로, 반별로 했거든요. 그럴 때 같이 도보했고, 조카랑 언니들도 와서 다 같이 했어요.

면담자   어머니도 '아, 그런 거 하는구나' 그거는 아셨어요?

승묵 엄마   네, 알아서 저도 같이 참석을 한 거였거든요 그때부터, 그때부터. 아! 도보가 계기였나 봐요. 우리 도보를 2월에 했을 거예요. 도보하면서 나서기 시작했을 거예요, 제가 활동하기 [시작한 것이]. 그랬다 맞다. 3월이 아니고 2월이었네요, 2월. 나도 도보하고 싶다고. 우리 식구들은 말렸거든요. 그 당시에 제가 워낙 못 먹고 체중이 14킬로 쪘던 게 다 빠진 상태였거든요. 14킬로가 다 빠져갖고 그 당시에는 되게 걱정을 했어요, 또 혹시나 쓰러질까 봐. 근데 그런 거 안 하고[쓰러지지 않고] 제가 조절을 잘할 테니까 [가겠다고 했죠]. 첫날은 좀 많이 힘들었어요. 평택에서 자고 성환에서 출발할 때 천안까지 갔을 때가, 그때는 힘들었어요. 두 번째 우리 광주 걸을 때는 그렇게 힘들진 않더라구요, 그래도 좀 걸었다고. 그 이후로, 그 도보한 이후로 제가 공방도 나오고 그랬던 거 같애요. 어, 맞아요.

면담자   걸으시는 몸이 좀 힘드시잖아요?

승묵 엄마   어, 어깨가, 팔이 말 그대로 막말로 표현을 해서 팔이 빠져나갈 정도로 여기가 너무 아프더라구요. 그냥 축 이렇게. 예, 팔이 너무 아팠죠. 뭐 다리 아프고 이런 거는 말 그대로 제가 운동한 체질이라서 견뎌내겠는데 이 어깨가 빠져나갈 거같이 아팠어요. 그게 아파 갖고 엉엉 울고 그래서 [가족들이] "포기하라"고 [했지만] 아니 그러고 싶진 않았거든요. 끝까지 하고 싶었어요. 도보하면서 그거를 느꼈구나…. 그래야지만, 내가 이거라도, 짧게 이렇게, 완전 팽목까지 완주하는 엄마들도 있는데 내가 이 구간도 포기를 한다면 아무것도 못 할 거 같더라구요. 그래서 해야겠다고 했고 식구들이 그만하라고 했을 때 포기[하지] 않고 그냥 한 게 지금도 '그때 잘했다'라고 생각이 들거든요.

면담자   자신감이 생기셨을 거 같아요.

승묵 엄마   그래서 "공방도 데려다주세요" 이렇게 얘기를 했던 거 같아요.

면담자   그 말씀도 아버님이 먼저 하신 게 아니었어요?

승묵 엄마   아니거든요. 제가 마음이 [생겨]나서 "그래요, 나 회의하는 동안 그럼 공방에 있어" 이렇게 해서 아빠 회의에 들어가서야 했으니까 끝나면 같이 오고 그렇게 하면서 제가 활동하게 된 거 같아요.

10
광화문 활동

면담자   광화문에는 언제 처음 나가셨는지 기억나세요?

승묵 엄마   광화문.

면담자   여름이었어요?

승묵 엄마   잠깐만요. 광화문이 어, 그러지 않았나 싶으네요. 이렇게 중간중간 어떻게 이야길 하다 보면 '아, 그때 나갔어'라고 생각이 [나야] 딱 구체적으로 얘길 할 텐데, 지금으로서는 어느 계절이었나 잘 기억이. 내가 언제 나갔지….

면담자 　　　삭발하시고 난 뒤겠죠?

승묵 엄마 　　　삭발… 그때가 처음 도보였나요? 광화문이. 아, 아빠 저기 따라갔을 때, 그때 기자회견 한다고 그때 삭발식 할 때 있잖아요. 그때가 처음 간 거 같아요, 광화문. 아, 그래요 맞아요. 삭발하는 날 기자회견 그때, 그 전에도 가고 싶었는데 힘들다고 아빠가 가지 말라고 했다가 그때는 같이 갔어요. "저 꼭 가보고 싶어요" 기자회견 한다고, 삭발하는[한다는] 소리는 광화문 가서 들었던 거 같구요. 아, 기자회견을 하고 삭발을 한다는 걸 거기 가서 들은 게 아니고 차 안에서 들었구나, 버스 안에서. 아빠가 얘기를 안 해줬어요. 그래서 거기에 또 아빠도 포함이 돼 있더라구요. 그래 갖고 "그럼 나도 할래" 거기에서 광화문 도착해 갖고 "그럼 나도 할래요" 그때 [말]했는데 말렸던 거 같아요. 아빠는 [삭발]하는 거였고 다른 분들이 제가 삭발한다는 거 신랑도 말리고 이제는 경빈 엄마나 다른 엄마들도 말려서 거기에선 못 하고 나중에 [했어요]. 그때도 워낙 못하게 했거든요. 근데 신랑이 무슨 마음의 변화가 생겼는지 "진짜 해보고 싶으면 해. 가서 해" 이래 갖구서는 하게 된 거였거든요.

면담자 　　　어머니, 광화문 처음 가셨을 때는 어떤 느낌이 드셨어요?

승묵 엄마   그냥 울기만 했어요. 아이들 그때 처음….

면담자   그때 엄청 취재진들이 많았었죠?

승묵 엄마   어, 취재진들도 많았었구요. 그 전에는 저희가 도착해 갖고 아이들 분향소부터 [가서] 사진 있는 거 보고 해서 이제 말 그대로 울기만 했죠. 다른 엄마들[도] 똑같은 처음의 심정이니까. 그냥 계속 울기만 하고. 삭발하는 장면에서는 그런 마음이 들었으니까. 뭐 기자회견[해도] 기자들 하나도 눈에 들어오지도 않았구요. 그냥 타각타각 [사진 찍는] 이 소리만 들었지. 거기 있는 사람들이 제 눈 안에는 이렇게 들어오지도 않았어요. 그냥 앞에 사람들이 잔뜩 있고 우리는 이쪽에 있으면서, 부모님들 기자회견 하는데 뒤에 있고 삭발하면서 제가 아까 얘기했듯이 텔레비전에서도 '아우, 저런 게 무슨 소용이 있을까. 저래도 우리가 하고자 하는 일에는 걸림돌이 [있]잖아, 항상 되지가 않잖아. 저렇게 삭발을 하고 투신자살을 해도 꿈쩍을 안 하잖아. 저게 무슨 소용이 있을까'라고 생각을 했다가 제가 그랬잖아요, "우리는 끝까지 간다라는 그런 마음을 다지는 그런 거였다"고. 뭐 그런 거.

면담자   반별로 광화문 지킴이 하시는 건요?

승묵 엄마   그거는 몇 개월 안 됐어요. 제가 활동을 하고 나서 영석이 아버님이랑 민우 아버님이랑 그때 최경덕 씨라고 거기 시민단체에서 오셔갖고 자발적으로 해주신 분이었거든요. 부모님 두 분이서 계속 상주를 하고 계셨기 때문에 부모님들이 이렇게 돌아가면서 지킴이를 하기 시작한 거는 영석 아버님이랑 민우 아버님이 이제는 너무 거기에서 찬바람 쐬고, 안 좋은 상태로 있다 보니까 너무 힘들잖아요. 지치고 1년 넘게 그렇게 하고 계셨으니까. 치료받으시면서 좀 쉬시라고 했어요. 그래서 그다음부터, 우리[가] 광화문을 꼭 지켜야 되거든요. 그게 빠지면은요, 아무 의미가 없어요. 우리[가] 활동을 해도요. 그나마 광화문이[을] 그렇게 지키고 있기 때문에 거기 가서 큰소리로 외치면 그래도 보는 사람들이 그나마 있으니까, 하고 있으니까.

그래서 부모님들이 돌아가면서 지킴이를 하게 됐는데 제가 그 당시에 월요일 날 다른 거 하는 거 있었는데도 다른 요일은 빠지면 안 되는 상황이었고. 제가 병원 가는 날짜도 있었고, 수 하고 압화하고 엄마들하고 어울리면서 나가는 시기였고, 그래서 재욱이 어머니가 이야기했을 때 "저는 다른 요일은 다 안 되는데 월요일은 돼요" 그러다 보니까 재욱이 어머니가 떡하니 4반을 올려놓으신 거예요, 4반이라고, 저 이름만 써놓은 게 아니고 4반이라고. 그랬기 때문에 저로 인해서 우리 엄마들이 월요일 날 가게 된 거예요. 그렇게 시작이 된 거예요.

왜냐하면 경빈 엄마가 그 당시에 반 대표 하면서 되게 힘들었거든요. 월요일[일요일] 날도 우리 가족회의가 있잖아. [저녁] 6시에서부터 어떨 때는 토론이 길어지면 9시에도 끝나고, 밥 먹고 뭐 하면 11시, 12시에 들어가고 그러니까 되게 힘들어요. 그다음에 아침에 일어나서 나오려면 월요일 날은 또 아이들 학교 보내는 게 있기 때문에, 더 특히 그러잖아요. 광화문을 갈려면 그나마 여기서 10시에 출발을 해야 된다는 거 때문에 아이들 학교 보내놓고 나오는 게 그나마 나은 거지. 저만 "월요일 날 괜찮아요" 이랬는데 그렇게 올려봐 갖고 수현 엄마도 수요일, 목요일 날 가서 미수습자들하고 피케팅하고, 다른 간담회 가고 인권도 가고 경빈 엄마 같은 경우도 마찬가지였고, 제가 이제 활동을 조금씩 하면서 [지킴이] 하게 된 거였는데 [우리 반이] 그렇게 돼버렸죠. 그래서 좀 미안은 했는데 그래도 다른 날 접고 우리 월요일은 꼭 간다 해갖구 월요일 날[은] 가게 된 거예요.

면담자   매주 보통 몇 분이 같이 가세요?

승묵 엄마   광화문 가면은요. 많으면 많을수록 좋기는 해요. 왜냐하면 피켓을 시간별로 이렇게 돌아가면서 시민분들하고 같이 하긴 하는데 그래도 많으면 좋죠. 이제는 최소로 가도 네 명은 가야지 조금. 분향소 상주하고, 꽃 나눠 주고, 안에 같이 문 저기 하고, 인사하고, 그다음에 저희 기억전시관이 있거든요. 전시관에 엄마 한분 계시는데 피켓 할려면 한 사람이 시민하고 같이 들기는 해도 여럿이 있으면서 번갈아 하면서 좋기는 하는데 네 명은 있어야지 조금 돌아가면서 순환으로 그게 편하거든요.

우리 반은 경빈 엄마랑, 웅기 어머니랑, 수현 어머니랑 넷이 항상 그래도 최하 인원이 다녔어요. 근데 이제 웅기 어머니랑 경빈 엄마가 동거차도 들어가는 바람에 수현 엄마랑 저랑, 형준이 아버님이 또 대표로 계셨기 때문에 아버님도 직장생활을 하시는데 그 직장 잠깐 월차 빼시고서는 광화문 같이 가주시고 요한이 어머니랑 그렇게 같이 가자 그래서 다니시고. 요한이 어머니는 특위를 많이 가시거든요. 이제는 인원이 너무 없다 보니까 "같이 가주세요" 해서 같이 가게 되고 그다음부터는 혁이 어머니랑 또 형준이 어머니랑 가셔주서 갖고서는, 너무 감사하게 동거차도에 들어가 있는 동안 그렇게 활동해 주서갖고 피켓을 대신 해줘 갖고 감사했죠.

　그 엄마들도 많이 힘들어해서 지금 치료받는 상태인데. 혁이 어머니 같은 경우에도 너무너무 힘드니까 이 뜨개질하는 거에만 온 하루를 다 쏟는 거예요. 매일같이 매일같이 "그러시지 마시고 저희 피켓 이렇게 할 때 같이 가요, 한 번씩", "어, 좀 힘들어", "그래도 언니 조금씩 움직이다 보면 괜찮아요". 그래서 이제는 그러시기로 했어요. 일단 많이는 아니고 일주일에 한 번이건 두 번이건, 우리 교육청, 화요일 날 교육청도 가거든 피케팅. 다른 반 엄마들이 "힘든데, 왜 그렇게 잡았어? 월요일 날, 화요일 날 잡았어?" 근데 시간이 어떻게 중요한 시간이 짜여 있다 보니까 그렇게 돼 있더라고. 그나마 어머니들이 혁이 어머니랑 좀 이렇게 나와주신다니까 감사하죠.

면담자　　지금 어머니, 일주일 동안 일정이 꽉 잡혀 있는데 언제가 잠깐 여유가?

승묵 엄마　　주말. 주말은 ○○이하고 또 같이 있어야 되잖아요.

이 일도 중요하지만 또 ○○이한테 신경 안 써주면 안 되잖아요. 아빠도 싫어하고. 그래서 될 수 있으면 주말, 토요일, 일요일은 안 잡아요. 그런데도 갑자기 이렇게 토요일 날 [일이] 생기게 되면 요즘에는 김장철이기 때문에 그런 간담회 자리를 마련해 주서갖고 주말에 성당이나 교회나 이런 데서 많이 해주세요. 이제는 끝났으니까 이제는, 지금은 괜찮은데 주말에 우리 총궐기대회 뭐 그런 거 있잖아요. 안 갈 수 없으니까 가야 되고 그런 거. 특히 일요일 날 같은 경우에는 같이 있다가 저녁에는 또 회의하러 나와야 되니까 또 안 하는 것도 아니에요. 오전부터 이런 거는 될 수 있으면 빼죠.

면담자   주말에는 전체 회의 하시는 거죠?

승묵 엄마   네, 전체 회의. (면담자 : 다른 반 다 같이 하시는 거죠?) 네, 네. 미술관에서.

면담자   그동안에 어머니 활동 중에 편차가 있어요? 뭐가 더 재밌고 조금 힘들고.

승묵 엄마   처음에 바깥에 나가서 활동하는 게 오히려 기분이나 훨 나아요. 뭐라 그럴까 뿌듯함도 있고요. 또 여러 사람 만나서 좋은 이야기를 해주시면 그게 귀담아 들어오니까는 그렇게 할려고 노력도 하고. 근데 집에만 있으면 말 그대로 계속 아침부터 잠이 안 깨는 거잖아요, 제가요. 오전에도 힘들다고 했듯이 그게 계속 오후까지 가요. ○○이가 돌아올 때까지 밥 하나 안 먹고 누워만 있거든요. 그러다 보니까 그게 더 힘들고 오히려 아침에 일어나기 힘들어도, 활동하기 힘들어도 밖에 나가서 활동하는 게 더 좋아요, 마음 심적으로는. 맑고, 정신도 맑고.

면담자   날씨가 추워져서 좀 걱정이에요.

승묵 엄마   네, 저도.

면담자   광화문 활동도 힘드시고요.

승묵 엄마   추운 걸 제일 싫어하거든요. 근데 또 같이 다니는 경빈 엄마, 수현 엄마[하고] 제가 똑같아요. 추운 걸 진짜 싫어해요. 더운 거는 참겠는데요. 추우면 눈물이 나요, 너무 추워서. 그래 갖고 서로 다 똑같애 옷이, 신발도 그렇고 다 똑같애, 같이 구입을 해 갖고. 무조건 따뜻한 거. 그렇게 준비해 놨어요. 월동준비를 다 했다고 할까요.

그래도 춥기는 한데 저희야 일주일에 한 번 광화문 가지만 시민 여러분들은 진짜 매일같이 오셔요. 하루 종일 하시는 게 아니라 당신들 시간 나실 때 2시간이든 3시간이든 1시간이든 이렇게 매일같이 나오셔서 갖고 같이 피켓[팅]하고 그러고 가셔요. 진짜 그게 쉬운 일이 아니거든요, 매일같이 나온다는 게요. 그래서 항상 가면 그래요. "우리는 이 사고를 당한 당사자의 부모님들이지만 그렇지 않은 시민분들이나 선생님들은 어떻게 이렇게 할 수 있어요?" [하면] "왜 부모님들 일만이에요?" 저희 일, 저희 일이라고, 똑같이 저희 일이라고. 왜냐하면 솔직하게 그분들이 그렇게 이야길 해줄 때는 '아, 그렇구나. 그런 생각도 들겠다. 나도 그렇게 생각이 들었을까?' 왜냐하면 당신 아이들도 우리 아이들 또래가 많은 거예요. 40대 중반 [나이가] 비슷하니까. 우리 아이도 그렇게 다 '예약'이 돼 있었던 거래요. "솔직하게 미안한 말이지만 우리[단원고 희생자] 아이들이 이렇게 희생된 아이들이 아니었다면 우리 아이일 수도 있잖아요, 어머니. 그러니까 다 똑같은 거예요. 똑같은 일을 당한 거나 마찬가지"라고, 그렇게 말씀을 해주셔요. 활동하시는 분들의 마음이 다 그렇더라구요. 똑같더라구요. 똑같이 말씀을 해요. 어느 지역을 가든가 우리는 미안해서 죄송하다고 하는데, 그럴 필요 없다고, 다 우리 일이라고, 그렇지 않았으면 우리 아이가 그럴 수도 있었으니까, 그렇게 이야길 해주시더라고요.

11
활동 비용, 가계 상황

면담자   아버지는 동거차도에서 오늘 오신다고?

승묵 엄마   오늘이 금요일이죠. 원래는 오늘 나와서 아침에 교대를 해서 오면 밤 10시쯤 도착을 해야 되는데 거기가 어저께였나 그저께 풍랑주의보가 내려져 있는 상태였기 때문에요. (면담자 : 못 나오셨을 수도?) 네, 못 나올 수도 있어요. 그래서 저번 때 경빈 엄마랑 다음 날 나오셨거든. 아빠도 팽목에 가서갖고 하루 주무시고 거기에서 배가 떠갖구서는 들어간 거였거든요. 이번에도 그럴 수 있는 확률이 높을 거 같다고 하는데 제가 오늘 여기 나오고 통화를 못 했어요. 신랑도 웬만해서 전화를 주셨을 텐데 전화가 없으시더라구. 그래서 통화를 못 한 상황이에요. 그래서 끝나면 전화드려야 되겠다 생각하고 있어요.

면담자   동거차도에 타고 들어가신 배로 교대해서 또 바로 타고 나오세요?

승묵 엄마   어, 그렇죠. 기다리셨다가. 그것도 저희가 다 돈을 얼마 드리는 거였거든요. 그래서 뱃삯이 되게 비싸요. 그렇게 한 달[에] 네 번 들어갔다 나왔다 하는 것도. 그나마 처음에는 좀 비싸게, 금액 같은 거 여기서 이야기하긴 그렇고, 좀 크게 저희는 되게 벅차하는 금액을 부르시더라구요. 그래도 저희가 간절하니까, 그렇게도 한다고 했는데 이제는 이렇게 자꾸 돌아가면서 들어가니까 또 10만 원 깎아주시고 그랬다가 지금은 계속 일주일에 한 번씩 계속 돌아가다 보니까 조금 더 다운을 해주서 갖고 그것도 벅차긴 하지만 그래도 감사하게 다니고 있어요.

면담자   활동하시려면 아무래도 비용이 당연히 들 수밖에 없잖아요.

승묵 엄마   네, 만만치 않죠. 다 인사 오시면 또 저희가 그분들도 많이 대접을 해요. 또 "우리가 대접받을 거는 아니다" 그러면서 저희[를] 많이 사주시고 하는데, 후원도 해주시고, 저희도 받기만 할 수 없는 다 성격들이라서요. 그러지 못하고 또 개별적으로 다 바깥 활동 하는 게 다 개별 돈이에요. 지원을 해줄 수가 없어요. 그런 금액이 또 돼 있는 여력도 아니구요. 지금 같은 경우에 재단도 설립돼 있는 거 아니구요. 그러기 때문에 뭐 그런 거에 금전적인 거는 개별적으로, 개별적으로 다녀요. (면담자 : 부담을 느끼시는 분들도) 그렇죠. 많죠. 경제적인 게 제일 타격이 크잖아요. 그나마 그래도 성금으로 보내주신 거에서 배분을 해주셔 갖고 그나마 그거 들어온 걸로.

될 수 있으면 우리 아이들, 저희 같은 경우는 아이 거기 때문에 건들진 않아요. 한 번도 안 건드려요. 건들 수가 없구요. 건들 생각도 할 수가 없는 거구요. 그래서 [경제적으로] 조금 힘들긴 해도 그래도 승묵이 있을 때보다야 뭐 힘들겠어요. 말 그대로 우리 아이한테 들어가던 돈도 있는데. 그리고 저희 같은 경우에 자랑도 아니지만 그렇다고 현금으로 팍팍 돌릴 수 있는 뭐 재산을 갖고 있는 것도 아니지만, 그래도 아이들 있을 때나 지금이나 똑같고 그렇게 경제적인 거는 그전에도 그렇고 지금도 그다지 어려운 건 아니거든요. 저희는 그래서 그냥 그렇게 하고 있어요.

면담자   지금 슈퍼 경영은 삼촌한테 전적으로 다 맡기신 거예요?

승묵 엄마   네, 네. 아직까지 제 명의로는 돼 있어도 삼촌이 혼자 활동을 하니까 그거는 삼촌 몫이니까 삼촌 다 드려야죠. 저는 제 거라고 그렇게 하고 싶지도 않아요. 왜냐하면 고생하는 건 삼촌인데 그렇게 할 필요도 없고. 아빠가 조금씩 간간히 나가는 일로 생활비 하고 안 그러면 정 안 된다면 가게에서 삼촌한테 들어온 돈 이야기하고 얼마 쓰고 우리 이제는 집도 정리해야 될 거 같고 나중에 어떻게 될지 모르지만 만약에 그렇게 되고 가게 정리가 되면 그때 삼촌한테 몫이라도 주자라는 식으로 그렇게 하고 있어요. 그래서 삼촌이 벌어오는 거기에서 아빠가 부족한 부분을 충당을 거기에서 하는 거니까 그렇게 하고 있어요.

면담자　　전에 가게 내놓으셨다고 하셨는데.

승묵 엄마　　지금도 내놓은 상탠데 경기가 워낙 안 좋다 보니까 누가 목돈 가지고 덤빌려고 하는 사람들도 솔직하게…. 지금 경기가 돌아가는 거 우리뿐만 아니고 뭐 그걸 피부로 느끼실 분들은 다 느끼잖아요. 지금 현재로는 목돈을 투자해 갖고 한다는 게 쉽지는 않죠, 어떤 부분에서도. 저희 같은 경우에는 지금은 그때 당시랑 조금은 다운은 됐어도 비슷하게 수입이 들어오니까 삼촌 하는 거 보면 수입은 항상 일정하더라구요. 그래도 뭐 손해 보는 건 아니고 한 가정, 저기[유지] 할 수 있는 거는 되거든요(기침). 경기가 워낙 어렵다 보니까 신중하게 생각을 해야 되는 부분이잖아요. 목돈이 크게 들어가니까.

　　그러니까 쉽게 딱 나가지가 않네요. 저는 정 안 되면 그냥 손해를 보는 한이 있어도, 저 같은 경우에는 그동안에 번 게 있지 않느냐, 우리 가족생활에. (면담자 : 빨리 팔고 싶으세요?) 저는 그러고 싶어요. 그냥 모든 게 신경 쓰기가 싫어서 다 정리가 됐으면 좋겠어요. 13년부터 그런 상태였어요. 승묵이 때문에 시골로 내려가려고 다 그런[마음먹은] 상태였고, 마음을 가진[먹은] 상태였었기 때문에 미련 갖고 싶지도 않구요. 그리고 승묵이 대학 갈 거, ○○이 대학 갈 거 다 마련해 놓은 상태였기 때문에요, 저는. 미련 갖는 거, 금전적인 거에 이렇게 [집착]하지 않는 스타일이거든요. 그때그때 있으면 하는 거고 없으면 아껴 쓰는 거고 그렇기 때문에 그냥 정리가 됐으면 좋겠어요. 그냥 마음 편하게.

　왜냐하면 지금 제가 그 가게를 못 가는 것도 사람 만나는 것도 두렵지만서도(한숨) 승묵이하고 같이했던 부분에서 거기가 자꾸 생각이 나기 때문에 더 안 가고 싶어지거든요. 되게 힘들었어요. 지금도 그렇고, 외부 사람 만나는 게. 엄마들도 얘길 하는데 우리 유가족끼리 이렇게 떠들고 웃어도 다 이해하고 그 마음 아니까 [편하게] 하는데, 예전에 만났던 사람들 앞에서 그렇게 하면 너무 신경 써야 되고 싫다고 힘들다고 다들 그래요. 똑같아요. 그니까 또 바깥에 있는 사람들 모르는 사람들은 막 그래요. 우리가 뭐 이렇게 돈 받았다는 얘기가 나오니까 "차 바꿨네, 뭐 바꿨네, 어머 얼굴이 되게 좋아졌네" 이런 식으로 이야길 하니까 그런 것도 거북스럽고.

면담자　　그런 사람도 있어요?

승묵 엄마　　네, 그런 사람도 많대요.

면담자　　어머니가 아직 경험하신 건 아니고요?

승묵 엄마   저는 만나지를 않으니까 그런 이야기 못 듣는데요. 주위에서 이렇게 스쳐가다가도 만나잖아요. 그런 사람들 있대요. 그럴 때마다 너무 가슴 아프고… 화가 나는 데도 너무 가슴 아프다 라는 거부터 오니까는 화 막내고 욕하고 싶어도 그런 거는 싹 들어 간다고 하더라구요. 언론이 그렇게 만들었으니까.

면담자   네. 배·보상 신청받을 때 가족분들 사이에서도 찬성 하신 분도 있고 반대하신 분도 있지 않으셨는지.

승묵 엄마   아니요, 그런 거 없으셨어요. 부모님들도 그렇고 다 전적으로 우리가 생각하는 대로 그렇게 다 해주길 당신들도 바랐 구요. 당신들도 너무 억울한 상황이었기 때문에 어르신, 우리 부 모, 우리 식구들에는 그런 게 없어요. 다 당연히 그렇게 해야지 당 연히 해야 될 부분이구요. 네. 그게 우리 아이가 없는데 그 돈이 무 슨 소용이 있어요. 저, 지금도 그래요. 성금으로 주신 돈 이렇게 있 다고 하지만, 감사해요, 그러긴 하지만 우리는 손 건들 수도 없는 거구요. 저뿐만 아니라 다른 부모님도 마찬가지 그걸 어떻게 써. 다 똑같거든요. 그러니까는 그런 거 생각조차도 못 하지만 그거 없 어도 충분히 살 수 있는. 다 그렇더라구요. 다 없어도 살 부모님들 이더라구, 대체적으로 보면, 가정 형편들이요. 몇몇 그렇지 않은 가정도 있기는 하지만 대부분이 다 잘살고 열심히 사셨더라구요. 저축을 해가면서 아이들 미래 거 다 준비해 놓으시고 저뿐만 아니 라. 그렇게 해놓은 부모님들이더라구요.

근데 언론 자체에서는 "못사는 지역이다" 이렇게 해갖구 그런 거 비약해 갖구서는 막 그렇게 사람들이 오인하게끔 만든 거잖아요. 말 그대로요. "돈이면 다 아니냐"고, "자식 저기 해갖고 돈 받았으면 되지" 다 그렇게 말을 하실 정도니까, 피켓 가도요. 그렇게들 생각하시는 분들은 그렇게 생각하시라고 그래야지 뭐 다 생각 자체가 틀리고 받아들이는 입장도 다 틀리기 때문에, 그랬다고[그런다고 이제는 화도 안 나요. 그냥 그래, 저 사람 입장에서는 또 저렇게 생각을 할 수 있겠지. 저는 그전에도 그랬어요, 항상. 나는 내 생각은 이렇지만 저 사람도 그렇게 생각할 수 있겠구나.

아이들한테도 그렇게 이야길 했었어요. "엄마는 이렇게 생각하는데 너는 다르게도 생각할 수 있겠지. 다 생각이 틀리니까. 친구들 간에도 걔가 기분 나쁘다라고 해도 막 그러지 말고 걔는 개 입장에서 그게 기분이 나쁠 수도 있는 거야. 그렇게 생각이 될 수도 있는 거거든". 그렇게 이야기하고 교육을 해왔으니까.

12
교실 존치

면담자   어머니 지금 소송 진행 중이시죠?

승묵 엄마   네, 하는 중이에요. 그래서 가끔 궁금해서 이렇게 듣고 하긴 하는데 그거는 소송은 완전, 변호사님들한테 맡긴 거고 저희들한테 요청이 들어오면 가서 해드릴 거고 있었던 상황 뭐 저희가 거짓 할 게 뭐가 있어요. 할 필요도 없는 거구요. 고대로 있었던 거 이야기가 필요하다면 다 해드릴 수 있는 거고. 저야 뭐 말 그대로 현장을 많이 뛰지 못했기 때문에 그런 게 아쉬워요, 지금 같은 경우에는. 청문회 TF팀 구성을 하는데도 저도 거기 들어가고 싶거든요.

근데 제가 1년 동안 활동도 못 했고 그게[그래서] 아는 게 한정돼 있다 보니까, 이렇게 못 하는 거뿐이지, 그랬다고 모르는 사람[이] 생뚱맞게 들어가서 괜히 폐만 할[끼칠] 수도 없으니까 그런 마음, 그런 거죠. 이제는 있는 대로, 지금도 있는 이야기를 하고 싶어도 제가 겪은 게 그다지 길지가 않기 때문에 한정돼 있으니까 그런 게 불만스러운 거예요. 저 현재로는 활동하면서도, 진작에 바보같이 다른 엄마들, 저는 강하다고 생각을 했는데 '왜 그렇게 1년 가까이를 힘들어하면서 활동을 못 했을까'라는 게 후회가 많으니까. '안 그랬으면 나도 지금 막 이렇게 더 많이 알아서 이야기도 할 수 있고 할 텐데', 그런 게 조금 되게 아쉬우면서도 그래요, 후회스럽구요.

면담자   특조위 만들어지기까지도 우여곡절이 많이 있었지요?

승묵 엄마   과정이 그렇죠, 엄청 많은 거죠.

면담자   사실은 법 자체도 우리가 원하는 대로 된 게 아니잖아요.

승묵 엄마   그렇죠. 다 지금 정부에서 [하고자] 하는 뜻대로만 지금 가고 있는 거거든요. 모든 게 다 거짓인 거 알면서도 흘러갈 수 밖에 없는 게 그렇게 만들어요. 부모님 마음을 이용을 한다 그럴까요. 그런 거죠. 부모님들 마음을 이용을 하는 거예요. 지금 인양하는 것도 그렇구요. 지금 특조위도 그렇구요. 모든 게 다 그래요. 인양하는 것도요, 미수습자 부모님들에다가 막 주는 거죠. "당신들 이렇게 협조 안 하면 인양 절대로 안 해줘" 이런 식으로 이야기를 한다고 하더라구요. 저도 주워주워 들은 얘기지만 그런 식으로 이야기를 해서 부모님들도 어쩔 수 없이, 그 부모님들은 솔직하게, 저희들은 아이들을 이렇게 해서 태워, 이렇게 저기[하늘로] 보냈지만, 그 부모님들은 오죽하겠어요. 인양이 돼서 와도 그 안에 아이들이 없다면 아우 어떨까 지금 부모님들도 그게 한 걱정인 거예요. 그게 걱정이에요.

그래서 부모님들 마음 약한 부분을 막 자꾸 긁어갖구서는 그렇게 자기들 뜻대로 이어가는 거예요, 지금요, 정부가요. 그러고 있어요. 특조위도 마찬가지구요, 인양도 마찬가지구요, 모든 게 다 그렇게 돼가고 있어요. 그래서 교실 존치 문제도 그런 거구요. 그러니까(한숨) 저는 그렇거든요. 부모님들이 제 생각하고 반대하는 부모님들도 있지만 저는 교실 존치라는 거는요, 지금 그대로 그 건물에요, 지금 그대로 현실적으로 그대로 있는 게 저는 존치라고 생각하거든요. 왜냐하면 교육청에서 제안한 안은 그게 존치라고 생각[하는] 자체가, 저거 뭐 100억을 들여서 뭐 좋은 건물을 들여서 그 아이들 책상만 옮겨놓은 거, 그건 존치가 아니거든요. 말 그대로 옮겨놓은 거예요, 그거는. (격앙되어) 그래서 지금 그거를 아이들어, 재학생 부모님들하고 학교 그런 걸 가지고서는 지금 저희를 이용을 그렇게 해먹는 거잖아요. 말 그대로. 지금 막말이에요. 그런 거밖에 안 듣는 거예요.

뭐 진작에 벌써 우리가 세월이 2년 가까이 돼가는데 그 기간이 부족해요? 짧아요? 그것도 아니잖아요, 건물 짓는 데. 우리 유가족이 제안한 개월 수도 3개월이지만, 그거는 우리 유가족 생각이 아니라 전문가들이 다 그렇게 생각을 하고, "그렇게 건물을 지어도 튼튼하다"라고 다 전문가가 이야길 해줘서 우리는 제안을 했는데 교육청에서 그거를 거절한 거였거든요. 그러고서 자기들이 우리가 제안한 거에 조금 보태갖구서는 이야기를 해서 "그 교실을 빼고서는 아이들 책상을 다 빼고 그렇게 옮겨서 이렇게 해주겠다, 관리도 다 해주겠다", 그게 뭔 그거[존치]예요. 그러면은 우리가 제안을 했을 때 그때도 했을 수 있어요, 충분하게요.

근데 그런 것도 하지도 않고 그렇다고 지금 그 건물을 지을 예산을 다 확보해 놓은 것도 아니고, 지금 [경기]도하고 이게 반반씩 부담을 한다는데, 예산도 확정 지어진 것도 아니구요. 또 그 집으로 지금 건물을 지을려면 또 토지를 구입을 해야 된다는데 그게 고작 공원 부지를[인] 토지를 구입을 한대요. 그 시민들은 어떻겠어요. 반발이에요, 또 거기하고 부딪혀야 되죠. 아무것도 돼 있는 상태가 없는데 그렇게 제안을 떡하니 내놓으니 그게 부모님들이 [수용이] 되느냐구요. 저 같은 경우에 그게 안 돼요. 뭐 건물을[이] 들어서고서 만약에 옮기기라도 해놓는다면 그거면은 되겠다. 그렇게 되면 수긍이라도 만약에 하죠[수긍할 수도 있죠]. 지금 같은 경우 아무것도 없는 상태에서 교육청 어디에 옮겨놨을 수 있는[옮겨놓고서는], 교육청으로 옮겨놨다가 나중에 [건물을] 지으면은 그걸[교실 복원을] 하겠다는. 지금까지 다 거짓말, 거짓말, 거짓말을[에] 저희가 그렇게 속아왔는데 그 거짓말[에]도 속으라는, 저희[에게]는 거짓말밖에 안 되거든요. 나중에 이러해서 예산 보유[확보] 못 해갖고 "못 해요" 이런 식으로 나올 수도 있는 상황이구요. 계획안 갖고 온 것도 제대로 된 것도 없어요. 다 그냥 이행 중, 이행 중, 이행. 완결이, 완결돼 있는 것도 없고요, 이행, 이행[으로] 돼 있는 거예요. 그게 뭐 말이나 되냐고. 그러고서는 교실을 빼라면. 저는 절대로 교실은 그렇게 뭐 100억 들여갖고 좋은 건물에다 놓는 거, 난 그거 원치 않는 거예요. 네, 그게 존치가 아니고.

면담자   아이들이 있었던 데도 아닌데.

승묵 엄마   네, 맞아요. 그렇게 해서 책상만 떨렁 좋은 건물에 새 건물에 갖다 놨[놓]으면 뭐해요. 아이들이 지냈던 그 자리 그대로 저는 그게 생생하게 지금도 기억하는데요. 시험 감독 가면은요, 남자 아이들 있는 교실을 가면은요, 그 남자 아이들의 그 특유의 호르몬 냄새가 얼마나 나는데요. 여학생들 가면 또 틀리구요. 그게 있어요. 그리고 쉬는 시간에 우리 아들 보고 싶어서 잠깐 가서 이렇게 보면, 시험 끝나갖고 친구들끼리 도란도란 모여갖고 앉아 있는 그 기억이 생생하게 나고 책상 걸터앉아서 이야기도 하고, 막 화장실 가면 복도 뛰어다니는 그런 게 다 지금도 그걸 모형 그대로 해놓으라고 하면은 저는 마네킹 갖다가 그렇게 다 해놓을 수 있을 [만큼], 그런 기억이 저는 있는데 그 자리를 다 없애고 그 새 건물 지은 데다가 딱 책상만 갖다 놓는데 그거는 아니, 아니다라고 생각을 해요.

면담자   어머니는 교실 문제가 제일 시급하세요?

승묵 엄마   네, 그런 거죠. (면담자 : 교육청에서는 추진을 하고) 그렇죠. 그리고 우리 부모님들이 나중에 뭐야 분향소 그거, 그거 저기[이야기] 할 때도 저는 '이 교실이, 제일… 그거 교실이 없으면 우리가 원하고자 하는 거 아예 아무것도 안 된다'라고 저는 생각을 하고 있어요. 그렇게 마음을 갖고 있구요. 왜냐하면 국가에서도 그렇지 않아도 시간을 그렇게 많은 것도 해주지도 않으면서 질질질질 끌고 오면서 그걸 없애려고 하는 게, 증거 하나, 제일 중요한 증거를 없애려고 하는 거밖에 안 되거든요. 그렇게밖에 생각이 안 들어요. 근데 그거에 동참이 되는 부모님들이 있는가 하면 저처럼 생각하는 부모님들이 대다수지만 그렇게 또 해가는 부모들도 있다는 거. 그런 부모들을 막 저기[호도] 해 갖구서는 그렇게 가게끔 만드는 게 이 지금 정부거든요, 교육청이구요.

면담자   교육청과 회의나 면담도 하고 있으세요?

승묵 엄마   그렇죠. 부모님들이, 이제는 대표직을 맡고 계신 분들이 그렇게 계속 주기적으로 회의하고 토론회하고 그런 거예요. 그러면서까지 싸워가지고 왔는데도 방안을 그렇게밖에 안 내놓은 거예요(헛웃음). 교육청에서 말 그대로 그때 해줄 수 있는 거를 왜 이제서야 그거를 해갖고 와갖구서는 한다는 건지. 말도 안 되는 상황이구요. 부모님들이 이제는 안 속기로 했거든요.

면담자　　　문제가 재학생 부모님들 중에도 생각이 다르다 보니까.

승묵 엄마　　다 틀리죠. 근데 아이들, 순수하게 아이들한테 이야기했을 때 아이들은 다 저희를 따라와요. 근데 몇몇의 부모님들이거든요, 몇몇의 부모님들. 성향이 강한 분들 있잖아. 부모님들, 마음 약한 분들은 글루 따라가지 이게 아니거든요. 그래서 학생들은 저희하고 생각이 같더라구요, 대다수 아이들이.

면담자　　　재학생 아이들 만나볼 기회가 있으셨어요?

승묵 엄마　　그렇지는 [않고] 그런 거는 아예 단절된. 그런 상황은 없었죠. 주위에 그래도 아이들한테 물어보잖아요. 주위에 많잖아요. 거진 다 아이들이 거길 다니니까, 아이들 만나고, 간담회 때 또 많이들 이동하는 간담회 때 아이들이 많이 와요. 고등학교 애들. 우리 간담회 대기실에 와서 같이 간담회 하고 '기억의 길'['기억과 약속의 길'] 걷고서는 [4·16]기억저장소에서도 간담회 하고 그러면 대체적으로 아이들의 생각이 그래요.

면담자   지금 활동 중에서 제일 시급한 게 교실인가요?

승묵 엄마   교실이죠. 그렇죠. 1월에 아이들을 졸업을 시킨다니까요. 말도 안 되는 소리거든요. 1월에 한 달을, 더 빨리 아이들 졸업을 시키는 이유가 그거밖에 안 돼요. 자기들 그 교실에서 아이들 만약에 빼갖구요, 빼는 상태에서 학교 측 입장이요. 빨리 교실을 뺀 상태에서 그 교실에서 아이들이 공부를 못 하겠다고 하니까요, 다 리모델링을 해갖구요 그 기간을 만드는 거밖에 안 돼요. 아이들 입학할 때까지. 그거를 만들기 위해서 한 달을 빨리 졸업을 시키는 거예요. (격앙되어) 그게 말이나 되느냐구요. 저희는 졸업할, 졸업의 의미도 없구요. 그랬다고 미수습자 친구들, 같이 졸업할 아이들도 올라오지도 않은 상태에서 무슨 졸업이에요. 졸업의 의미도 없지만 그 아이들 함께했을 때가 그래도 같이 한다면 저기[하려고] 할까, 그 아이들도 없는 상태에서 명예졸업이 뭔 필요가 있습니까? 우리는 그거 필요치 않아요. 교실 존치지.

면담자   어머니 아예 학교에서 활동을 하셔야 될 수도 있겠네요?

승묵 엄마   그걸 배제하잖아요, 학교에서. 배제해요. 학부모 운영위원회에서 저희를 배제해요. 아직도 우리 아이들 졸업을 안 했으니까 저희도 거기에 그 학교에 아이들은 없지만 학부모나 마찬가지잖아요. 배제를 하잖아요. 배제를 시키고 1, 2학년 학부모만 모여, 모집을 해서 설명회하고 이야기를 하고 토론을 하고. 그것도 저희 입장으로서는 이해가 안 되는 부분이라. [학교에서는] 저희의 고집이라고 생각하고 저희 입장만 생각한다고 하는데요. 만약에 그렇게 넓게 포괄적으로 생각을 해보세요. 저희도 그 학교를 졸업을 안 한 아이들의 부모님이거든요. 그렇게 생각을 해야지 왜 저희만 만약에 우리 아이들이 기간 돼갖고 졸업을 하는, 없다 진짜. 이제는 내년 같은 경우에 없잖아요. 그랬을 때 배제를 하면 이해는 돼요. 근데 올해 같은 거[때]까지는 그게 아니잖아요. 저희도 그 학교의 학부모거든요.

학교 측도 그런다는 거죠. 선생님들도 너무 그렇게 방관, 그냥 가만히 계신다는 거 자체도 이해도 안 되구요. 학부모, 선생님들조차도. 교육청에서 어떤 식으로 지시가 내려왔는지 모르지만. 선생님들한테 어떤 불이익이 있을지 모르지만, 제안인지 모르지만, 학교 선생님들조차도 그렇게 가만히 계신다는 자체가 저희는 이해가 안 돼요. 저희 엄마들은 그렇거든요. 선생님들도 그런 마음으로 해야 된다고 생각을 해요. 저희는 집에서 학교 간 사이에는 학교 선생님이 학부모나 마찬가지거든요, 우리 아이들 돌보는 선생님이. 저는 그렇게 생각을 해요. 그렇게 학교를 보내는 거거든요. 수학여행도 마찬가지예요. 엄마가 못 가니까 선생님이 학부모잖아요. 대신 이 아이들의 그런 거[보호재]잖아요. 그런 거를 역할을 다 못하고 계신다는 게 참 아쉽더라구요. 그 선생님들 입장도 있겠죠. 있겠죠. 없지는 않겠죠. 다 알아요. 근데도 아무 소리도 못 하고 계신다는 게 그게 아쉬워요.

면담자　　　교육청에서 다음 안을 내거나 하지는 않았어요?

승묵 엄마　　그런 건 없어요. 지금 뭐 1안은 엄마들 그냥 그대로 지금 현재의 존치다라고 하고 2안은 교육청에서 가져온 제안을 2안이라 생각하고 부모님들한테 선택을 하라는 거예요. 그게 될 소리냐구요. 그거는 선택하고 할 여지가 아니거든요. 이거는, 교육청에서 갖고 온 제안은 우리들 개인적으로만 생각하지 말고, 독단적인. 우리 신랑하고 저하고도 이게 조금 조금 생각이 좀 다르거든요. 아빠 같은 경우에는 "그[재학생] 아이들도 좀 생각을 하자". 아이들도 생각을 하는데 저는 그렇게 생각을 해요.

　그 아이들[의 선택]에 의해서 그 학교를 왔든, 부모님[의 선택]에 의해서 왔더래도 그 단원고라는 학교를 왔을 시에는 우리 아이들이, 우리가 이렇게 할 경우에는 걔네들도 약간의 그런 피해를 볼 수 있다라는 거 그런 거는 각오를 하고 이 학교를 왔어야죠. 그렇잖아요. 자기들도 우리가 그 아이들을 생각을 안 하고서 이렇게 굳이 교실만 잡고 있고 그다음 나중에는 부모님들이 거기서 눕는다고 하는데 공권력이 들어오겠죠. 우리 부모들 들어내려고 공권력이 들어오지 않을까요. 들어올 거예요. 들어내려고요. 사수해야 재학생을 받으니까요. 그렇게까지 생각을 하고 있으면서, 그 아이들 입장도 생각해야 되지 않느냐, 아니요, 교육청에서 제안이, 교육[청]안에서요, 딱 인원을 100명만, 두 클라스만 딱 받고요, 나머지 학생들은 다른 학교로 더 인원을 추가를 해서 그렇게 할 수 있다는 거. 그렇게 있는 안을 왜 안 하고서, 학교의 역사적인 거까지 들먹이면서 안 된다라고 이야기하는 게, 그게 말이나 되냐고.

안 된다는 게 어딨어요. 100명까지 교실 두 개, 교실이 남으니까 그 인원만 취합을 하고 왜 우리 학교, 우리 아이들 교실 존치를 그대로 하고, 그 학급을 인원수만큼 설립을 저기 만들려면은 3개월은 짧다니까 길게 그렇게 할 수도 있는 거잖아. 그러고서 그 아이들을 내년에 또 받으면 되는 거 아니에요. 1년이란 기간 동안 그렇게 1년만 고생을 그렇게 해주면 되는데 그것도 안 된다는 거야, 학교의 역사를 들먹이면서. 그게 말이나 되느냐구요, 교육청에서. 그건 말이 되고 이건 말이 안 된다는 거. 지금 그렇게까지 [안이] 나왔는데도 그거는[교실 존치는] 안 된다는 거 보면은 이해가 안 되는 부분인 거죠.

그걸로[교육청안으로] 만약에 한다면 우리 유가족 부모님들은 그 생각밖에 안 되는 건데. 이 정부가 우리 아이들의 그 기록 자체를 아예 없애버리려고 하는 거[라고]밖에 생각이 안 드는 거예요. 그렇잖아요. 방안, 대안이 다 있으면서, 이제서야 1년이 넘도록 2년 가까이 그 기간이 있으면서[있었는데도] 갖고 오지도 않더니 한두 달 남겨놓고서 제안을 갖고 왔는데, 그런 대안이 있는데도 안 하는 거잖아요. 실천을 안 하고, 그렇게 그 교실에다가 해야 된다라는 그게 말이 되느냐구요. 안 되지. 그걸 부모님들한테 말을 해서 부모님들이 설득이[을] 당해요? 안 되는 거죠. 우리 부모님들도요. 아까 말대로 뭐를 지어놓고서는 글루[그곳으로] 옮긴다 하면은 얘기가 되지만. 이거는 뭐 교육청으로 갔다가 교육청에서 그거 만들어지면

글루 옮기고 그게 뭐 하는, 존치가 아니에요. 어머니들의 생각, 다른 엄마들하고 생각도 틀려. 그러고 있는 거예요. 막 흥분해 갖고 이야기하네. 더듬거리고.

면담자   이제부터 온라인으로도 서명받고 있어서요. 저도 서명하고 주위에 권하는데 어떻게 해결이 될지 이제까지 해왔던 과정을 볼 때 안심하기가 너무 힘든 거예요.

승묵 엄마   그렇죠. 정부가 하는 대로 그대로 가는 거예요. 모든 게 다 그렇게 되면 공권력 투입해 갖고 끌려오는 한이 있어도 우리는 그렇게 할 것이다라고. 그리고 공권력이 이렇다는 거 아이들 모르거든요. 몰라요. 그러니까 너희들 한번 이거를 봐라. 아이들한테 상처를 줄지언정. 그래서 우리는 이 교실을 꼭 존치를 해야 된다라는 거 의사를 밝히고 싶어요.

면담자   앞으로 부모님들 겨울에 힘든 일 혹시 겪게 될까 봐 걱정이 좀 되네요.

승묵 엄마   음, 그거는 마음을 다 굳힌 상태이기 때문에. 이제 부모님들도 길게 갈 거라는 거 알고 그래서 다들 몸조심하면서 또 관리하면서 그것도 못 하고 아파 버리면은 내가 하고자 하는 일에 방해가 되니까 다른 사람한테도 방해가 되는 거잖아요. 그런 것도 생각하면서 하는 거니까 너무 걱정 말아요.

면담자   그래도 서로 몸 관리 많이 챙겨주시고 그러시면 좋을 거 같아요.

승묵 엄마   이걸로 인해서 동질감을 갖다 보니까는요. 다 엄마들이 그래요. 다 챙겨줘요. 어떤 때는 너무 챙겨주는 게 제 성격에는 부담스러울 때도 있거든요.

13
바라는 점과 아쉬운 점

면담자   어머니 그동안 많은 말씀을 해주셨는데 특히 더 하시고 싶으신 말씀이나 구술뿐만 아니라 기록물 관련해서 바라시는 거 있으세요?

승묵 엄마   아, 글쎄요. 지금 현재로서는 우리 대한민국의 안전이구요. 어떤 정부든 간에 자기들의 그 일 저희도 그거밖에 생각이 안 들거든요. 무엇을 감추기 위해서 이슈를 만드는 거밖에 생각이 안 들어요. 지금 현재 우리가 이 일을 계속해 나가면서 정부의[로부터] 겪는 일이 그렇거든요. 대통령이 해외를 나간다, 전에는 그런 거 몰랐거든요. 해외를 나간다 [그러면] 또 자기들이 무슨 계획한 거를 해야 되는데 걸림돌이 되는 거를 안 보여주기 위해서 이슈화를 [하고] 어떤 거에 국민들이 집중하게끔 이슈를 만들어서 그쪽으로 눈길을 피해고[끌고] 난 다음에, 다음에 보면 다 그게 정해져 있고 다 돼 있는 거예요. 지금까지 현재 제가 검사해 오고 우리나라에 있던 사건 같은 것도 다 조금씩 공부를 하게 되니까 들춰보고 이야기를 듣다 보니까 다 그렇게 돼 있더라구요.

그니까 앞으로 어떤 정부든 간에요, 사람 목숨 가지고 자기들의 무엇을 감추기 위한, 권력을 감추기 위한, 말 그대로 도구라고[밖에] 표현이 안 돼, 그 사람들 입장에서 도구로밖에 생각이 안 들어. 사람의 이 존중한[존중되어야 하는] 이 고귀한 생명을, 그렇게밖에 생각이 안 들거든요, 그렇게 하면은 안 된다는 거. 그거를 중단시켜 주고 싶어서, 그 사람들이 사람 생명 가지고는 이제는 안 해야 되겠다, 어떤 거를 감추기 해서라도 다른 거를 만약에 이슈화를 시키더라도, 사람 생명 가지고[는] 안 되겠다 그런 거를 각인을 [시켜]주고 싶어서, 그 일을 하는 사람들한테, 그러기 위해서라도 저 또한 끝까지 이 일을 밝혀내서 그 일에 국민들한테 또 알릴 것이구요. 그 사람들이 우리가 하는 말에 뭐 믿든 안 믿든 간에 나는 내가 하고자 하는 일에 그런 거 알림에 의해서[알리는 것을] 저는 꾸준히 할 것이구요.

왜냐하면 한 가정의, 한 가족의 아픔이 아니고 이거는 온 국민이 다 아파야 하는 설움이잖아요. 지금 커다란 사건을 보면 다 그래 왔거든요. 그렇기 때문에 그런 아픔이 더 이상은 좀 안 일어났으면 좋겠다. 좀 건물도 좀 튼튼하게 지어갖고 내가 좀 더 가질려고, 나 혼자 부자 될려고 생각하지 말고 사람 생명 진짜 사람 생명을 제1순위로 고귀하게 생각을 하면서 모든 업종에 있는 사람이 최선을 다했으면 좋겠어요. 저 또한 그게 이 일을 겪고 나서 느낀, 받은 교훈이라고나 할까요. 그래요.

어떻게 이 구술한 거를 사용하실지 모르지만 저 또한 이 사건으로 인해서 순서 있게, 그전에도 그걸 느꼈지만, 질병으로 인해서 나이 있게 순서대로 이 세상을 떠나는 게 아니라 이렇게 갑작스럽게도 떠날 수도 있다라는 그거 때문에, 저 또한 어디까지 얼마만큼 내가 이 세상에 있을지 모르지만 그때까지래도 그냥 아무 사람이 다치지 않고 커다란 사고 아닌 이상 그런 일이 없었으면 하는 바람이죠. 진짜 행복한 [나라] 지금 행복지수가 높은 나라가 어디에요? 폴란드[핀란드]? 어디였죠? 하여튼 간 그쪽 국가에요. 그렇게 우리나라도 행복하다라는, 우리 다음 세대들이 그렇게 느낄 수 있는 그런 나라가 좀 됐으면 좋겠어요. 이번 계기로라도.

면담자   네, 어머니. 그동안 여러 차례 힘들지만 솔직하게 말씀해 주시기도 했고, 기록된 게 앞으로 남겨지면 오랫동안 보존되고 기억될 거니까요. 당연히 역사로 남겨져야 되는 거구요. 감사합니다. 그럼 이것으로 2학년 4반 강승묵 어머니 은인숙 씨의 구술을 마치도록 하겠습니다.

승묵 엄마   수고하셨어요.

4·16구술증언록 단원고 2학년 4반 제3권

그날을 말하다 승묵 엄마 은인숙

ⓒ 4·16기억저장소, 2019

기획 편집 4·16기억저장소 | **지원 협조** (사)4·16세월호참사가족협의회
펴낸이 김종수 | **펴낸곳** 한울엠플러스(주)
초판 1쇄 인쇄 2019년 4월 1일 | **초판 1쇄 발행** 2019년 4월 16일
주소 10881 경기도 파주시 광인사길 153 한울시소빌딩 3층
전화 031-955-0655 | **팩스** 031-955-0656 | **홈페이지** www.hanulmplus.kr
등록번호 제406-2015-000143호

Printed in Korea.
ISBN 978-89-460-6726-4 04300
       978-89-460-6700-4 (세트)
* 책값은 겉표지에 표시되어 있습니다.